華語教學實務概論

竺靜華 著

文史哲出版社印行

國家圖書館出版品預行編目資料

華語教學實務概論 / 竺靜華著. -- 初版. --
臺北市：文史哲，民95
　　頁：　公分.
ISBN 978-957-549-697-5 (平裝)

1. 中國語言 – 教學法

802.03　　　　　　　　　　95026050

華語教學實務概論

著　　　者：竺　　　靜　　　華
出　版　者：文　史　哲　出　版　社
http://www.lapen.com.tw
登記證字號：行政院新聞局版臺業字五三三七號
發　行　人：彭　　　正　　　雄
發　行　所：文　史　哲　出　版　社
印　刷　者：文　史　哲　出　版　社
臺北市羅斯福路一段七十二巷四號
郵政劃撥帳號：一六一八○一七五
電話886-2-23511028・傳真886-2-23965656

實價新臺幣二二○元

中華民國九十五年（2006）十二月初版

目　　錄

i

序　言

　　華語教學，對大多數人而言，是一個陌生又令人好奇的名詞。筆者自 1987 年開始，在國立台灣大學內由美國史丹福大學設立的「美國各大學中國語文聯合研習所」，教授外國學生中文，當時來台的外籍學生並不普遍，從事這項教學工作，與一般中小學至大學的傳統語文教育的性質相較，顯得十分特殊，若非實際接觸，外界實在難以了解。

　　然而近幾年由於國際情勢的演變，全世界使用中文的需要急速增加，中文在近幾年已成為全球的強勢語言，國際間也開始形成學習中文熱潮，我們甚至可以預見在未來二十年中，中文將進而成為全世界最重要的語言。

　　不過，外籍人士想要學好中文，實非易事。在世界各種語言的學習中，中文與俄語往往名列學習難度最高的語言，學習中文既迫切又難以速成。為了因應中文學習的大量需求，中文教學的師資與機構，正急遽增加，培養師資尤其成為刻不容緩的要務。

　　雖然國立台灣師範大學在 1956 年即已成立國語教學中心，但是早期在國內大學始終缺乏專門培育華語教學人才的單位，直到 1995 年國立台灣師範大學成立華語文教學研究所，成為國內大學第一個專門從事研究華語教學的系所，後

來各大學陸續開設華語教學師資班,華語師資的培育機構才
漸漸多了起來。筆者於 2000 年 7 月開始,在佛光人文學院
中國語文中心開設的華語師資訓練班,講授華語教學課程,
培訓有意從事華語教學之大學畢業生,推廣華語教學。爲了
講授的需要,於是歸納對外籍學生的教學理論與方法,並融
合這些年對外籍生的教學經驗與心得,編爲講義。2003 年 9
月,筆者又於國立台北教育大學語文教育學系,講授「海外
華語文教學概論」課程,授課中將原爲培訓社會上有意從事
華語教學人士所編訂的師訓班講義擴充,綜合整理編爲一套
較完整的華語教學方法與實務之教材,以培育大學在學生的
華語教學師資。此課程講授至今又已三載,講義也隨之年年
修訂增補。

　　縱觀華語教學在台灣發展已長達五十年,教學工作卻
長期在教師個人的摸索下,各自尋找方法,解決教學所遇到
的問題,不但教材缺乏,教學理論與參考書籍更是鮮少。筆
者從事此項教學,至今已近二十年,深感對於外籍學生的教
學,不但需要相當的學識,更需要專業的教學技巧,以使教
學效果提升。在急需建立教學理論與專書的現實環境下,去
年四月遂將此教學講義集結成書,於本年八月出版發行。

　　本書既是爲大多數不了解華語教學又極想認識華語教

學的讀者寫的，而華語教學原本就是以生活中的語言教學為主，華語教學向來不在強調學術理論，而是將重心關注在教與學的實務上，因此本書中為了貫徹運用簡明語言的精神，也儘量保持一如課堂講授時的語氣，用淺白的語句，說明華語教學的實況，以使讀者明瞭。筆者希望所有這本書的讀者，在讀這本書的時候，不論是否了解華語的專業知識，都能藉著順利愉快的閱讀，由簡易的介紹與淺近的例子中，認識什麼是華語教學，而不是在書中生吞硬嚼許多枯燥無趣的語言學理論，將華語教學視為一項艱難的教學理論研究。至於想要更深入對語言理論了解與鑽研，不妨再參考其他各種語言學方面的書籍，這些知識，雖然對於一個華語教師來說，越多越好，對教學也越有益處，但是不在本書討論的範圍以內。

　　華語教學需開創發展的領域甚多，此一小冊，謹將個人觀察與心得提出，以供有心耕耘華語教學之人士參考。不足之處實多，猶待學者前輩不吝指正。拋磚引玉之心，相信學者前輩可以諒解，並期待更多更豐富的華語教學論著，日後將不斷地產生。

作者謹序於 2006 年 4 月 20 日

序　言

華語教學是專業教學，其辛苦不足為外人道，

其中樂趣亦自待各人親身體會，難以言喻

第一講 緒論

什麼是「華語教學」?

走在路上,或是在電視節目裏,我們常常可以看到越來越多的外國人說得一口流利的中文,有時簡直說得比台灣人還標準,真把很多人嚇了一跳!大家都想問,為什麼他的國語說得那麼好?學習中文真不容易呢!其實這些人當然在學習中文上付出了相當多的努力,同時也是因為他有個好老師,教他標準國語,才能說得這麼好。他所接受的中文語言教學,就是我們所說的「華語教學」。

為什麼叫做「華語」呢?這是很多像我們這些長期生活在台灣使用中文的人很不習慣的一個名詞。其實有時候,我們所使用的名詞是因相對情況而產生的,我們在小學裏教「國語」,「國語」是我們政府規定的標準官方語言,我們的國語是以北京話為標準制定,小學生一入學就開始學習國家所定的標準語,重點在語言的學習與運用,所以叫做「國語」。而我們說「國文老師」、教「國文」,通常是指教一般中學到大學的國文課而言,重點就不止是語言的學習,而是

語言與文學的學習與運用，而且文學的成份更濃。但是在國外，和外國人相對的時候，我們普遍稱本國人爲「華人」，我們說他們是僑居在國外的「華僑」，雖然他們的子女早已入籍外國，但是我們還是稱這樣的人爲「華裔」，所以華人所使用的語言，似乎很自然地就成了「華語」。

所以在國外，一般人說「我會講華語」，就是指「我會講華人使用的語言」，雖然這時所謂的華語，大部份都是指國語，但是在某些國家，所謂的華語，可能指的是廣東話，甚至是潮州話，而不是我們所熟悉的國語。

因此所謂的「華語教學」，就是「教人學習華人使用的語言」，這個名詞的定義，原是包括所有華人的各種語言的，包括國語（大陸稱爲普通話）、吳語、廣東話、閩南話等等，但是因爲這些語言中使用最多、用途最廣的是國語，所以我們所實施的華語教學，實際上就以國語教學爲主。當學生學了國語，還有餘力時，可以學習閩南語、廣東話、客語等等，這些也包含在華語教學內。然而我們一般所謂的華語教學，當然還是指國語教學，雖然我們乍聽之下，很不習慣，但這不過是和外國人相對之下，所習慣使用的名詞而已。也就是說，華語教學指的是以使用國語爲主對外籍人士的教學。

全球華語教師的需要量

　　華語老師的需要量，隨著世界各國對中國這塊廣大市場的興趣，逐年提高。中國與世界各國的接觸越頻繁，大家對中文的興趣也越濃厚，學習華語的外國人也越來越多。既然有那麼多的外籍人士想學我們的語言，全球實在需要大量的華語師資。但是華語教學發展的歷史不算很長，因此華語師資實在缺乏，尤其是在海外，能找到一個會說中文的人就不錯了，其他條件當然就更談不上了。

　　其實，教華語是一種需要講求專業技巧的教學，學習語言，沒有捷徑，但是一個好老師，可以利用最短的時間，做最有效的教學，即使像中文那麼難的語言，學生也可以掌握得很好，這就是好老師給學生的最大幫助，因此優秀的華語教學師資是非常迫切需要的。

　　以美國而言，從 2006 年秋季開始，美國中學將中文列入中學第二外語課程。有意成立 AP 中文課程，以便學生進入大學後可抵免第二外語課程的學校，至少兩千所。這些學校正在期待各方加緊培育華語教學師資，以應課程所需。其他歐洲各國的華語教學發展趨勢也在日漸提高，亞洲各國更是早就希望與我們建立師資交流管道，甚至不斷地有外籍人

士來台學習中文後，再回國傳播華語教學。華語教學的師
資，是亟待培養與推廣的。

一般人對華語教學的錯誤認知

　　很多人以為教外國人學中文，等於教小學、教幼兒一
樣，這是錯誤的。大部份想學中文的外國人，至少都上大學
了，他們都是大人，怎麼能用兒童的教材呢？更別說用教兒
童的方法去教學了。就像我們學英文一樣，我們也不希望用
幼兒的英文教本吧！

　　也有一些人以為大學裏學到的國音學可以用來教外國
人，其實外國人連學認字都難，哪裏能讀那麼深的國音理論
書籍呢？因此在教外國人中文時，我們必須使用特別為外國
人編訂的華語教材，而如何運用適當而有效方式引導外國學
生學習，就要看老師的學養和教學技巧了。

　　其實華語教學就是「教外國人學中文的教學」，但是華
語教學可能不像一般人所想像的那麼多采多姿，它是很嚴肅
的教學活動，它畢竟不是交友或閒談，現在我將打破一些外
行人對華語教學的迷思：

（一）很多人以為只要會說中文，人人都能教華語

在台灣，人人會說中文，聽到外國人說了錯誤的中文，很多人一聽就知道那是錯的，都會糾正他，也因為這個觀念，使人以為台灣大部份的人都能教華語。事實上，「會說一種語言」和「會教一種語言」，畢竟是很不同的兩回事，華語教學像任何一種教學一樣，需要專業技巧，沒有教學概念的人，是不可能讓人有效學習的。

附帶一提的是，正因為我們這個地區多的是會說中文的人，也因此使得華語教學與外語教學（尤其是英語教學）的待遇懸殊，這是有待我們日後努力建立起華語專業教學，才能調整一般人的錯誤觀念，華語教師也將獲得正視。

（二）很多人以為教華語是在跟外國人聊天

教華語，就是進行教學活動，它顯然不是一種娛樂活動，所以教師一定要有正確的觀念與技巧，而且緊緊把握住上課寶貴的時間不斷地練習。否則，如果以為教華語只要陪學生說說話，說完了，學生的錯誤仍舊存在，也沒有學到有效的組織句子的方法，他的語言能力仍然很差，這時候就怪學生不聰明，怎麼總是說錯，其實殊不知，這是教學的老師要負責任的。

所有將來要成爲老師的人，不論是教哪一方面的老師，都應該牢記這句話－－老師要想盡所有的辦法讓學生學會，學生學不好，當然學生不努力可能有關係，可是如果不知道方法，他如何努力？學生學習效果不佳，老師是脫不了責任的。希望大家永遠把這話放在心上。

（三）很多人以爲教外國學生很好玩

很多人以爲教外國學生可以結識很多外國朋友，但是教學與交友，畢竟又是不同的。我們上課的實際情形，是要跟學生不斷地練習對話問答，一句接一句練習，一來一往，不可冷場，可能比教本國人的許多課都來得緊湊，沒有一分鐘休息，絕不誇張。以我自己初教外國學生爲例，我一開始即進入當時最嚴格的語文中心，是由美國史丹福大學設在國立台灣大學內的「美國各大學中國語文聯合研習所」，學生每期繳交昂貴的美金學費，一打上課鈴即進入教室，二話不說，立刻與老師開始對話練習，直到下課，身爲教師，每根神經，每一分鐘都是緊繃的，全心留意他說話的發音，或語法，或詞彙使用的錯誤，一發現錯誤，立刻一一糾正，而且要求重說至正確爲止。一不留神，

聲音由耳邊溜走，錯誤沒有及時改正，學生繼續使用錯誤的句子，就是教師的失職，這是很嚴肅的問題。

（四）有人以為教外國人本身一定要英文能力很好

這就是外行話了，華語教學的對象，未必是英語系國家的人士，例如東南亞國家學華語的學生很多，但是他們的英文有的並不好，各有各的口音，不容易聽懂，使用漢字有時比使用英語溝通得更順利。再說中東國家的學生，許多根本不使用英文，英文遂無用武之地。即使如此，仍然有人懷疑，如果不用英文，初級班如何教學？其實初級班的教學，使用英文是較有幫助的，但是也只需要幾個簡單的指令，我們使用英文在於溝通動作，而不是解釋詞句的意思。語言是越解釋越陷入迷團的，不如用直接練習法學習，使學生自己歸納詞意，而非我們一一解釋詞意。否則我們要教各國的學生，豈不是得學盡各國的語言才能教學嗎？（至於如何以直接教學法練習，將在第八講〈華語教學法〉中說明。）有時，我們甚至不需要用完整的句子，只用英文單字指出我們即將進行的教學練習，學生便可領會了，教學活動可以進行無礙。

（五）有人認為教師可以藉此練習英文

按照華語教學的正確觀念是——上課是不應該說英文的。學生聽不懂，我可以再說一次中文，或用中文的其他說法再解釋一次，這是一種訓練聽力的方法，是教師隨時應隨機注入教學的。原則上，學生所學過的每一個字，教師都應該只說中文，不可因為他聽不懂而改說英文，所以一個完全不會說中文的學生，由每次上課學到的詞彙不斷累積，漸漸地不再需要英文的替換，可以使用與聽懂越來越多的中文詞彙，所用英文越來越少，上到初級班的第 8 課以後，可以完全不再需要英文說明。這是靠一個堅持語言教學原則的教師達成的，這也是教初級班最辛苦的地方。

有人說，語言交換不就是對方說英文，我說中文，彼此交換學習嗎？可是語言交換是雙方彼此做對方的老師，所以誰也不用付誰學費，很公平。可是語言交換與華語教學是兩回事，華語教學是學生繳了學費來學習的，所以身為教師不可以從學生身上尋求自己練習外文的機會，那等於是你收了學生的學費，卻要他教你英文，分明就是佔學生的便宜，那是極不公平的。

有的學校嚴格規定，不只是教師不可以和學生說英文，連學生交談都不可以說母語，如台北的台大國際

14

華語研習所，美國的明德大學都是著名的例子。

（六）有人以為華語教學和教小學很類似

可是願意學習華語的外國人，很少是兒童。除了華僑子弟以外，他們絕大多數是十八歲以上的成人，基於興趣與需要，發自個人內心的意願，要學習華語。這樣的對象，我們如何能以幼兒的教材去進行語言教學呢？顯然太看輕對方，也太幼稚了。

反之，大學教授也不見得能教華語。因為大學教授教本國人教慣了，早已習慣於國人的語言程度，並且廣泛交錯地使用諸多詞彙，而外國人只學了基本使用的詞彙，無法使用複雜的詞義與句義，大學教授往往不知應使用何種詞句，才是外國學生所能運用與了解的，彼此之間的落差太大，連溝通都成問題，遑論進行教學，達到學習的成效。

（七）有人以為上了各大學的語文中心辦的華語師資班，就可以教華語

參加了各大學語文中心所辦的華語師資班培訓，只是走入華語教學的環境，初步認識了華語教學的概念，了解了自己在發音上的缺點、在語言使用上的不經心、在詞彙上的不周全，可是如何矯正自己的發音、

思考詞彙的真正涵義、比較分辨語法表達，卻不是上了師資班課程的每一個學員都可以做到的，如果不能改進自己本身已有的語言上的缺點與錯誤，是沒有資格去教他人使用語言的。所以並非上了華語教學課程的人就能教華語，許多人報名參加師資班，以為上了課就可以拿到證書，就有教華語的能力和資格，其實是錯誤的、一廂情願的想法。沒有一個語言中心願意聘用一位對自己語言還不能掌握好的人來教這個語言的。所以儘管師資班不斷地開班，仍有那麼多已經結業拿到證書的人是無法參與華語教學工作的。有證書與是否具有教華語的資格，實在是兩回事。

（八）有的人或許對華語教學過份寄予「厚望」，例如：異國婚姻

有人以為這麼有趣的兩個不同文化的人接觸，很可能會像許多小說與電影情節一樣，擦出愛情的火花來，其實人生的因緣是不可預期的，師生能成為朋友已屬少數，遑論其他。畢竟在認真學習的過程中，學習的成效才是師生共同的目標，感情不是在這樣的教學活動中能輕易達到深知與了解的，自然不宜期待它能產生超出學習以外的其他副產品。

由以上可以得到的結論是——我們必須正視華語

教學，而華語教學其實是很辛苦的。

華語教師應認識的幾個重要的基本觀念

（一）「義」的表達與「音」的正確有絕對的關聯，因此華
　　　語教學以「發音」爲最重要

　　華語教學雖然需要具備不少關於語言方面的知識，但
是最重要的仍然不是知識，而是發音。因爲華語教學是直接
以說話作主要的教學活動，所以發音是最重要的。在語言
中，聲音是了解意思的線索，發音錯誤，就無法循線追尋了。
因此華語老師必須講求自己的發音清晰準確，對於學生的發
音也要嚴格要求正確，務使師生雙方能清楚溝通，有效學習。

（二）思維受到語言的限制

　　人的精密思考，所依賴的工具是語句，而非圖像的意
識。所以，沒有這樣的語言，就沒有這樣的思考。我們如果
將很多種語言對照起來，就會發現，很多不同的語言，具有

相同的詞彙，那個詞彙就是這些不同文化的人們共同具有的思考。可是同樣的，如果我們的語言中的詞彙，在別的語言沒有，那就意謂著這樣的想法只有我們這個語言的人具有，其他語言的人是不會這樣想的。也就是說，語言控制了我們的思維。所以身為一個語言教師，其實應該對語言具有相當的敏感度，從現在開始就留心生活周遭的語言，關心這個語言使用的字眼有何意義，注意語言控制的思維是如何發展的，你才能對語言有深刻正確的體認與詮釋。

（三）不同的時代與地區會有文化差異

不同的文化，對語言中的詞義、句義便有不同的定義與體認，所以華語教師應該注意文化的差異，避免錯誤的認知與不必要的衝突。例如：顏色，日本人認為黑色代表正式與尊重，所以參加結婚典禮，選擇黑色衣服，是顯示一種禮貌，而我們卻認為是晦氣。這不但關係著相處之道，也關係著在造句時是否有除了文法以外可能產生誤會的情況。

時代不同，產生的文化差異也相當大，即使在本國也是如此。例如：在我國傳統的文化中，女性的本份是相夫教子，從一而終。但是現在女性並不以此為人生最大的目標，因此傳統社會中批評一個人不守本份的說法，並不適用於現

在的情況。華語教師在教導學生學習這樣的詞彙時，需注意它的意義及實際使用的情況。

華語教師應具備的條件

華語教學如此重要，華語教學又這樣不易掌握，那麼究竟誰能教華語呢？其實華語教學是有系統、有技巧的，所有華語教育的師訓課程，目的就是要學會如何教華語，就是對實務的了解與訓練。可是要如何才能成爲一個好的華語老師？其實成爲好的華語老師是有方法可循的，一是能力，一是觀念，一是涵養。能力方面指的是要具有華語教師專業的知識和技巧，觀念方面則是應了解華語教師所要掌握的教學原則與態度，此外還需要具有對本身文化沉潛的涵養。一個沒有能力的老師，無法解答學生心中的疑惑；一個觀念不清的老師，會混淆語言所透露的訊息；一個對本身文化沒有深入的沉潛思考與體會的老師，會做錯誤的引導。於是，這樣的老師，就把學生教笨了。

身爲一個華語教師，你要教的是語言，也是文化，也是觀念，也是知識，你必須具備以下幾個基本的條件：

（一）發音清楚正確

　　當一位華語老師，第一個條件是國語要說得好，如果說得不好、說得不標準、說得不清楚，在甄選老師的時候，所有單位考慮的第一個條件都是——「說得不好，那其他也就不必談了」，因此，別的條件再好都沒有用。即使你人聰明，反應快；有學問，滿腹經綸；有文才，很會寫文章；甚至字寫得漂亮，那都是其次的事。

(二)詞句簡潔，語義清楚

　　華語教師在教學上，因為學生不能了解複雜的語言，所以必須運用簡潔的指令，使學生能從簡要的詞彙中明白活動將如何進行，或知道錯誤所在，教師有必要清楚簡潔地表達，使學生充份明瞭。如果教師本身使用語言拖泥帶水，語意夾雜不清，學生如何學習正確的語句呢？

(三)對語言能作正確深入的思考

　　學生提出問題的時候，對於教師而言，有時因為那是自己慣用的母語，所以覺得理所當然，從沒有仔細去思考為什麼。而華語教師與其他教師最大的不同就是，必須能對簡單的語言現象，深入思考，作正確的判斷，找出看似沒有特殊原因的答案。

(四)有正確清楚的基本知識

華語教學當然需要專業知識，但是在解釋或分析語句上，教師若能具有前一項的條件，也就是對語言能作正確深入的思考，下正確的判斷，其實那就是語言的知識了，它是從語言現象中歸納而來的。但是如果教師對語言不能達到正確深入的思考，那就需要知識了。例如：「好」這個字，為什麼有時唸「ㄏㄠˇ」，有時唸「ㄏㄠˋ」？到底該怎麼唸？如果我思考不出來，就只好去查字典，尋找答案。可是如果深入了解，把眾多的好看、好吃、好玩等詞排列起來，就很容易發現，好吃、好看、好玩唸做「ㄏㄠˇ」，都是因為美好的意思。而喜歡吃，叫做好吃；喜歡玩，叫做好玩；喜歡客人，叫做好客；喜歡學習，叫做好學；就可以發現唸「ㄏㄠˋ」，是因為喜歡的意思。這時候只需要自己思考，經過歸納，做正確的判斷，就可以了，並不需要依賴字典解決問題。可是有很多我們一時無法周全思考的問題，就需要知識了。

(五)能隨時修正錯誤，一絲不苟，實事求是

我們對語言所做的判斷，有時不見得正確。錯誤，是誰都可能犯的，更重要的是面對錯誤的態度。比方說唸錯的一個字的聲音，其實只要我們即時發現，盡早更正，就可以了。最怕的是對自己過於自信的老師，從不肯查書，甚至發

現了錯誤也不想承認，這是最要不得的。其實我們對於每一個似是而非的讀音、詞義都不輕易略過，養成查字典的習慣與精神，發現自己想錯了，或是讀錯了，用錯了，立刻更正，這才是應該有的態度。

以上所提出的(一)、(二)、(三)、(四)項，都可以由上課中習得，是師資訓練的主要重點所在，而(五)則是個人態度，就需要個人嚴格要求自己了。

對「華語教學」及「華語師資課程」的認識

不妨想想你的英文課，想想你是否會說流利的英文？為什麼我們學了這麼久的英文，卻不能運用簡單的英文溝通？我們學習的方法，是否並沒有引導我們實際運用這些課文與文法？

你所想像的華語教學是怎樣的？幾乎每一個從未接觸華語教學的學生，都無法想像華語教學的實際上課情形，那就是毫無冷場的問答練習。這種進行的方式，可以說有點像政論性談話節目，老師就是負責串場安排的主持人，必須公平、周到，並且圍繞主題討論。

我們如何才能把這樣的課掌握好？這是需要專業訓練

的。不論大學課堂中「華語教學」的課程設計，或是大學畢業人士所修習的「華語師資班」培訓課程，都是爲了讓同學了解如何運用專業技巧進行華語教學。

在這樣的課程裏，我們要介紹華語教學的環境生態與社會需要，認識華語教學理論，讓同學了解華語教學所需要的語音、文字、詞彙、語法的基本知識，並學習運用華語教學法，以便將來可以擔任海外華語的教學工作。當然，不只是在海外，國內的華語教學也已經發展了五十年左右，現在正因爲中文在國際地位上的重要性日漸提高，國內華語教學也在更蓬勃地展開。

認識「華語教學」以及認識「華語師資課程」只是個初始，希望先建立各位對於華語教學的一些正確觀念。我們需要學習的東西太多，各位要抱定決心，要利用有限的時間努力學習。坊間的師資班課程爲七十二小時，大學裏的「華語教學概論」課時間更短，一學期也只有三十六小時，我們必須充份利用，希望各位全心學習。學習讓自己就像一塊海綿，飽飽地吸收。希望你和我一樣，漸漸走入這一行，很有興緻去摸索琢磨，打開你的眼界和養成思考語言的習慣，而且也開始喜歡華語教學。

很多人對華語教師的未來感到疑惑，不知道它會不會

限制了你的發展。華語教師的工作，有個最大的好處是，這份工作可以專職，也可以兼職，所以凡是對教外國學生有興趣的同學，將來畢業後，不論你出國留學、工作，或是在國內擔任中小學教師之餘，都還可以投入華語教學這個有趣又富挑戰性的工作行列。只要你有興趣，歡迎大家參加這個超乎你所想像的、新鮮有趣的華語教學課程！

第一講 重點整理

1. 外國人所接受的「中文語言教學」，就是所謂的「華語教學」。

2. 名詞是因相對情況產生的，所以「國語」是指政府規定的標準語言。

3. 小學的「國語」教學，重點在語言的學習與應用。

4. 中學的「國文」教學，重點在文學的學習與應用。

5. 「華人」是我們與外國人相對時，稱本國人為「華人」，所以華人所使用的語言為「華語」。

6. 並非所有國家「華語」均為國語，有些國家可能指廣東話、潮州話等。

7. 「華語教學」是「教人學習華人使用的語言」，定義原包括所有華人的各種語言，但使用最多、用途最廣的是國語，所以華語教學以國語為主。

8. 教華語需要講求專業技巧，學習語言沒有捷徑，但一個好老師，可利用最短的時間，做最有效的教學。

9. 大部份想學中文的外國人是大人，不能使用兒童教材。

10. 外國人連學認字都難，不適宜以國音學等理論書籍教授，必須使用專用教材。

11. 「會說一種語言」和「會教一種語言」，是不同的兩回事。

12. 華語教學需要專業技巧，沒有教學概念的人，無法讓人有效學習。

13. 教華語就是進行教學活動，不是一種娛樂，所以教師要有正確的觀念和技巧。

14. 教師要想盡所有的辦法讓學生學會，學生學習效果不佳，與教師的教學有很大的關係。

15. 教師沒有及時改正學生的錯誤，以致學生繼續使用錯誤的句子，是教師失職。

16. 語言越解釋越陷入謎團，不如用直接練習法學習，使學生自己歸納詞意。

17. 華語教學的正確觀念：上課不應該說英文。學生學過的字，不可因學生聽不懂而改說英文。

18. 重複敘述一次，或用中文其他說法再解釋一次，是一種教師訓練聽力的方式，應隨機注入教學。

19. 語言交換與華語教學，目的與心態不同，效果亦不同。

20. 華語教學要配合學生的程度，使用學生所了解的詞句，否則彼此間落差太大，無法進行教學。

21. 華語師資培訓班，提供進入華語教學的環境，若學習者不能改進本身語言上的缺點與錯誤，即使修習全部課程結業，仍然沒有能力教授他人使用中文。

22. 華語教學以「發音」為最重要，因為「義」的表達與「音」的正確與否有絕對的關聯。

23. 語言教師必須對語言具有相當的敏感度，關心語言詞彙的意義，釐清詞義的範圍，注意受語言控制的思維是如何發展的。

24. 語言有時代、地區上的文化差異。

25. 成為好的華語老師有方法可循：能力、觀念、涵養。

問題與討論

1. 何謂華語教學？

2. 華語教學的範圍包括哪些？

3. 華語教學與小學的國語教學、中學的國文教學，有何不同？

4. 一個好的華語教師應該具備的基本條件是什麼？

語言的第一要素是聲音，

華語教學的首要條件是標準發音

第二講　國語發音教學法與標音符號

　　華語教學在台灣雖然實行多年，但是真正探討華語教學、將華語教學視爲正式的學術來討論，時間並不長，可以說還不滿十年，因此華語教學的教科書與參考書都不多，開設華語教學課，可以說盡是經驗的累積，目前沒有合適的教科書可以使用。前一講所談的是初步的概念，這一講次要談的就是華語教學中最重要的事情——發音。其實關於發音方面的知識多極了，最重要的並不是在學理上這個音是屬於什麼音，它叫什麼正式名稱，而提出一大堆學術上的歸類。華語教學最重要的是發音，發音最重要的就是——「說」。即使讀完這一講，知道了音名，也未必會發正確的音，那麼就失去讀這一講的意義了。本講的重點在介紹如何發音，何者正確。至於在了解後，怎樣由你的口中發出正確的音，一定要靠自己不斷地練習。既然要當一個好的華語老師，就要有決心朝此方向努力，不可以在知道發音理論後卻依然故我。

發音正確爲華語教學的首要條件

　　爲什麼說發音是華語教學的第一要件呢？以目前在台

灣要進入各大語言中心任教來說，華語教師的甄選，一定會
經過面試的過程，面試時先請應徵者唸一段文字，並且由主
任或資深的華語教師和你談話。談話的內容如何並不太重
要，而是聽你的發音是否標準正確，是否自然，語氣是否得
宜，在言談之間甚至可以發現，有的人唸文字的時候，努力
地裝出標準的發音，可是一說話，就不小心露出馬腳了。面
試時，如果發音有錯誤、帶有特殊口音、語言不自然，主試
者都不會考慮接受。

那麼，什麼是正確的音？教華語可以說就是教國語，
其實國語是以北京話為主的標準語，但是國語並不完全等於
京片子，連去年九月間電視新聞訪問北京人，北京人自已也
說他們放棄很多京片子了。

如何發正確的音？很多人對於自己的發音不正確並沒
有自覺，當然他也聽不出來別人的發音正確與否。比方說把
「走ㄗㄡˇ」[1]說成「ㄗㄛˇ」，「黑ㄏㄟ」說成「ㄏㄝ」，「成
ㄔㄥˊ」說成「臣ㄔㄣˊ」，都是錯誤的，在我們的生活中
卻都習慣了，也接受了這種錯誤的存在。然而在教學上，教
師有責任要教正確的音，不應該分辨不清。

---

[1] 由與此書以入門為主要目的，為便利台灣的一般讀者閱讀，因此本書
中關於發音的標示法，原則上凡是可直接以注音符號標明者，即採用注
音符號，注音符號無法清楚標示者，採用國際音標標示。

第 二 講　　　國語發音教學法與標音符號

　　要發出正確的音，必須由音的最小因素開始講求，由每個音最小的部份開始，都要說得正確標準，才能在每個因素組合起來後，仍然發得正確。國語的語音，通常可以分為聲母和韻母兩部份，所以把「成ㄔㄥˊ」說成「臣ㄔㄣˊ」不是成、臣兩個字的問題，而是「ㄥ」、「ㄣ」兩個韻母都說成「ㄣ」。至於為什麼說錯這兩個聲母，那又是因為韻母「ㄥ」的聲音結構是「əŋ」，韻母「ㄣ」的聲音結構是「ən」，如果韻尾的「ŋ」「n」發得不正確，把兩個韻尾都發成一樣的「n」，那麼「ㄥ」、「ㄣ」聽起來就沒有什麼不同了。重要的是：「ŋ」是個鼻音韻尾，你必須使自己在發音時聽到自己的鼻音，才是正確的。所以發出正確的「ㄥ」的練習方法是：把「ㄥ」這個發音延長，一直到你聽到自己發出了鼻音的「ㄥ」為止，這個音就發得成功了，而依此推展到每一個帶有「ㄥ」的字，不論是「程」、「朋」、「政」、「能」……都是如此。

　　國語中的聲母加韻母，就是我們平常使用的三十七個注音符號，你必須注意每個注音的每一個最小音素，把它們一一說得清楚正確，才會說出一個完整的字音。把每個字音說得正確，才會說出一個正確的詞彙。將每個詞彙說得正確，才會說出一個發音正確的句子。

　　不過，也應注意不要過份矯正自己到超過自然正確的

33

程度，例如捲舌音「ㄓ」、「ㄔ」、「ㄕ」，我們一般情況都是懶得把舌頭捲起來，說出標準的捲舌音，而只說「ㄗ」、「ㄘ」、「ㄙ」，那當然是錯誤的發音。現在一般人的日常語言中，都沒有捲舌音了，固然是不正確的，但是並不是在語言中說了捲舌音，就表示這個人的發音標準。若是把不該捲舌的音說成了捲舌音，比方說有人把「一、二、三、四」說成了「一、二、三、事」，也一樣是錯誤的。再進一步說，有的人發捲舌音的時候，把舌頭捲到太後面、太捲，同樣也是錯誤的發音，過猶不及，不捲與太捲，都是不合適的。

發音正確的功用

　　學生常會問我，為什麼我們要學那麼標準的發音？我的回答是，如果我們能學會標準的發音，知道自己的發音與標準發音的差距在哪裏，我們才能改正自己的發音。自己能說正確的發音，我們才能在教學時教授正確的發音，也才能了解學生發音的錯誤所在，糾正學生的錯誤發音。所謂取法乎上得乎中，取法乎中得乎下，一個發音標準的老師，已經未必能教出發音正確學生來；何況一個發音不標準的老師，教出來的學生發音就更差了。所以，身為一個語言教師，我們當然應該要學會正確的發音。

　　除此以外，我們要如何分辨學生發音的正確與錯誤？教師的聽覺必須十分敏銳。學習語言是需要相當的敏感度的，對語言不具有敏感度的人，是學不好語言的。教師更要對語言有敏銳的感覺，再三思考，反覆揣摩，才能體會音的最小音素彼此間的細微差距，才能分辨正誤。

如何教授發音？

　　身為華語教師，當然必須具備有關國語語音的知識。關於基本的發音原理、國語聲母與韻母的分類及性質，請參考坊間任何一本國語語音學的書籍皆可，本書在此不擬一一列舉。認識了國語的聲母與韻母後，最重要的是要知道聲母彼此間的關係，或韻母彼此間的關係。因為在發音教學時，如果學生的發音有誤，我們可以舉出相關的音，引導學生加以分辨。比方說，會發「ㄅ」而不會發「ㄆ」的音，我們可以讓他知道「ㄆ」的發音方法是送氣，「ㄅ」的發音方法是不送氣。當然送氣與不送氣是語言學中的專有名詞，外籍學生未必能懂，因此我們可以取一張紙放在嘴前，當我們發「ㄅ」的不送氣音時，讓學生注意當時紙張是靜止的；當我們發「ㄆ」的送氣音時，學生會明顯地看到紙張是震動的，這時學生就能很快理解所謂送氣與不送氣的差別了，而不是

用兩個艱難的專有名詞去教他空洞地想像。

　　如果學生會發「ㄐ」的音而不會發「ㄑ」的音，同樣地可以讓學生在發「ㄑ」的音時，看到嘴前的紙張是震動的，因而學生可以理解到「ㄑ」的正確發音方式。因為我們知道「ㄅ、ㄆ」「ㄉ、ㄊ」「ㄍ、ㄎ」「ㄐ、ㄑ」的關係，都是一樣送氣與不送氣關係，甚至「ㄓ、ㄔ」「ㄗ、ㄘ」也都是送氣與不送氣的關係。教師懂得發音的知識，可以幫助學生解決發音的困難，可以更有效地學習。這個觀念的重點是，教學有效與否，問題不在於教師具有多少知識，而是教師有了知識後，如何利用簡單的方法使學生易於學習。請注意：教語言不是教知識，所以知識是教師應該普遍具備的，卻不是學生應該普遍具備的。我們不必向學生條陳教師的語音知識，以致於把活用的語言課變成枯燥無味的理論教學。永遠要記得，學生學習的重點在於運用，也就是──說。

　　如何說得正確？知識重要，方法更重要。

　　說得慢，是語言教學上常用的一種方法。在一個句子裏，我們常常因為說得太快，使人分辨不清我們在說什麼，外國人聽，當然更不懂了。當我們說得慢時，聽的人才有時間考慮，才有時間分辨。說一個句子尚且如此，說一個詞彙，就更應放慢速度了。甚至是一個字音，我們要分辨字音的最

小部份，更需要慢慢地說，讓人有時間慢慢地、仔細地、清楚地感覺那個細微的部份的發音。於是此時我們可能進一步採取拉長字音的方法，把音盡量延伸，讓學生清楚聽辨那個音的全貌。我們平常可能只用 0.5 秒鐘說一個「唉」字，如果我們把「ㄞ」的音延長到 3 秒，甚至 4 秒，學生就可以較正確地模仿這個音。如果我們再把「ㄞ」的音，拆開用「a」「i」兩個部份唸出，學生就更能感覺如何發這個音了。倘若我們在「a」「i」的部份再延長，各用 3 秒，就更可以清楚地分辨出這個字音的結構是由「a」轉變到「i」了。

　　慢、分解、延長，是我們在讓學生體會字音時，經常可以使用的方法。

　　至於其他的方法，就看教師如何靈活運用了，例如：反覆練習、比較錯誤與正確（不可做錯誤的示範）、立刻指正（改正的要求應嚴格），並要求學生須養成一經教師改正即重說一次的習慣等等。最後一個辦法，也是最古老的辦法，那就是——想盡所有方法。

發音錯誤的影響

　　說錯了有什麼關係？聽懂就好了，隨便一點不行嗎？

現在大家都說得不正確，可是不是一樣都聽得懂嗎？這個似是而非的觀念，也是我常要辯護的話題。大家都說得不正確，可是一樣聽得懂，那是因爲我們都是同一文化、使用同一語言的本國人，如果換成外國人，我們說對了，他尚且有可能會錯意；更何況我們說錯了，他就聽錯了，哪有可能懂你的意思呢？

所以，發音錯誤會造成的影響是：

（一）辨義產生問題

1.說成同音的錯誤：發音錯了，把某個音說成另外一個音，使得兩個原本不同音的字聽起來一樣，結果會造成混淆、誤解，這是本國人與外國人都會發生的問題。例如：「詩人」說成「私人」，「二房東」、說成「惡房東」，聽的人想的，與說的人要表達的，可能根本是兩回事，這就造成了辨義的問題。我的孩子放學回家告訴我：「今天學務處廣播找同學，可是沒有人要去學務處。」我問爲什麼，他說：「因爲學務處說的是**要死掉的同學**（鑰匙掉的同學），請到學務處來。」

兩句的意思，差了十萬八千里！

2.說成近似音的錯誤：這是我們可以聽懂，外國人卻一頭霧水的情況。例如：我們的ㄝ、ㄟ不分，ㄛ、ㄡ不

分，ㄥ、ㄣ不分，我們會自動分辨它是屬於何者，可是外國人聽到ㄝ是ㄝ，ㄟ是ㄟ，他怎麼可能想到ㄝ竟是ㄟ呢？

3. 外國人發出似是而非的音、介乎二者之間的音：這是外國人可能聽得懂，而國人卻聽不懂的錯誤發音，例如：英語系國家的人ㄨ、ㄩ不分，以致於把「旅行」說成「魯行」，把「法律」說成「法路」。尤其是我們辦公室裏常有人要來找「魯老師」，我們總要比手畫腳地問，是長頭髮的「呂老師」？還是短頭髮的「魯老師」？

（二）聽力難以培養

如果教師發音不正確，學生聽到的也就是錯誤的音，那麼他的聽力如何正確呢？我們就很難培養他良好的聽力了，或許他聽到正確的音，反而還聽不懂呢！我在研究所學德文時有一個有趣的經驗，有一次老師播放德國人特別為外籍學生學習德語所製作的教學CD給我們聽，大家聽得如墜七里迷霧，後來老師再自己唸了一遍給大家聽，大家才釋懷地笑了，都說原來是這麼簡單的句子，老師唸的我們一聽就懂了。我當時就很困惑地想，為什麼德國人唸的我們聽不懂，

只聽得懂本國老師唸的德文呢？當然，我們習慣了老師的唸法，是主要原因，可是這必然也是因爲本國老師唸的和德國人唸的畢竟不同啊，我們聽懂了本國老師唸的，就以爲聽懂了德文，但是對真正德文的聽力，我們卻沒有。

我們總是說「可以溝通就好」，但這是一個人學習語言的標準嗎？我們還是用學習英文的心情來設身處地想想，如果學英文，你要學這樣不標準的英文嗎？

標音符號

依時間爲序，國語的標音符號，大致有以下這幾種：

Wade Giles	1867 年
郵政式	1906 年
國際音標	1888 年
注音符號	1918 年
國語羅馬字	1928 年（1930 年改名譯音符號）
耶魯式	1948 年
漢語拼音	1958 年
注音符號第二式	1986 年

通用拼音　　　2003 年

全世界目前最普遍使用的標音符號，是漢語拼音和注音符號。這十幾年來，台灣出版的華語教材，一般都是兩種標音符號並列。對於採用英文字母爲標音符號的做法，究竟是否能標準地標音，有的人感到懷疑。其實標音符號只是符號而已，它所代表的音是人爲制定的，所以你把「ㄓ」標做「zh」，只是標法不同，讀法是完全一樣的。如果看見英文字母就要用讀英文的方法去讀，當然是不標準的。所以只要標得正確，哪一種標音符號都沒有讀的問題，問題只是在於標得對不對。所謂容易跟英文混淆，那是因爲你一直把它想成是英文，如果你把它就當做一個符號，它不是英文，自然也沒有和英文混淆的問題。

標音符號怎麼教？什麼時候教？它和我們教小學的注音符號是不同的。我們常在初級班上課的第一週，五天的上課時間裏，每天撥出二十分鐘左右，做標音符號的教學。例如：

（1）　ㄅㄆㄇㄈㄉㄊㄋㄌ

（2）　ㄍㄎㄏㄐㄑㄒㄓㄔㄕㄖㄗㄘㄙ

（3）　ㄚㄛㄜㄝㄞㄟㄠㄡ、聲母與韻母結合拼音

（4）　ㄢㄣㄤㄥㄦㄧㄨㄩ、聲母與韻母結合拼音

（5）　復習

在一星期內，讓學生學完基本的標音符號。不過要注意，我們教的是讀這個符號，所以不斷地領讀，讓學生熟悉，就可以了。

漢語拼音、注音符號對照表

注音	拼音	注音	拼音	注音	拼音
ㄅ	b	ㄚ	a	ㄧㄚ	ya,-ia
ㄆ	p	ㄛ	o	ㄧㄛ	yo
ㄇ	m	ㄜ	e	ㄧㄝ	ye,-ie
ㄈ	f	ㄝ	ě	ㄧㄞ	yai
ㄉ	d	ㄞ	ai	ㄧㄠ	yao,-iao
ㄊ	t	ㄟ	ei	ㄧㄡ	you,-iu
ㄋ	n	ㄠ	ao	ㄧㄢ	yan,-ian
ㄌ	l	ㄡ	ou	ㄧㄣ	yin,-in
ㄍ	g	ㄢ	an	ㄧㄤ	yang,-iang
ㄎ	k	ㄣ	en	ㄧㄥ	ying,-ing
ㄏ	h	ㄤ	ang	ㄨㄚ	wa,-ua

ㄐ	j	ㄥ	eng	ㄨㄛ	wo,-uo
ㄑ	q	ㄦ	er	ㄨㄞ	wai,-uai
ㄒ	x	ㄧ	yi,-i	ㄨㄟ	wei,-ui
ㄓ	zh(i)	ㄨ	wu,-u	ㄨㄢ	wan,-uan
ㄔ	ch(i)	ㄩ	yu,-u/ǚ	ㄨㄣ	wen,-un
ㄕ	sh(i)			ㄨㄤ	wang,-uang
ㄖ	r(i)			ㄨㄥ	weng,-ong
ㄗ	z(i)			ㄩㄝ	yue,-ǚe
ㄘ	c(i)			ㄩㄢ	yuan,-ǚan
ㄙ	s(i)			ㄩㄣ	yun,-ǚn
				ㄩㄥ	yong,-iong

華語教學上常見的學生語音錯誤

外籍學生常見的錯誤可分兩方面來看：

（一）發音：可能是他的母語裏沒有發過這種音，例如：以
　　　　英語爲母語的人不會說ㄩ，「綠的」說成「錄
　　　　的」，「外遇」說成「外務」。也可能是他把兩
　　　　個音混淆不清，例如：「睡覺」和「睡著」，「司
　　　　機煞車」說成「司機下車」，是由於ㄓ和ㄐ混

淆而說錯。「廠房」說成「產房」，是由於ㄤ、ㄢ的韻尾不會區分。當然，最大可能的情況，往往是他認錯了字，例如：「持舊」讀成「特舊」，「包裹」讀成「包裏」。

（二）聲調：由於母語中沒有明顯的聲調，因此聲調是許多外國學生在學習發音時最大的困難。聲調常見的困難，包括：起始的高度不對，聽起來非常奇怪；不知道或忘記連音的變換，所以總是說錯；不知道三聲在我們實際的語句中，其實只有半上，句末最後一個字才說全上。還有輕聲讀法的問題，輕聲的調值，是看前一字聲調來決定的。

請注意：學生有時並非弄錯到把調值說成另一種調值，而是他明知道這個字是二聲，但是他發的既不是二聲，也不是三聲。還有一種常見的情況是，唸單字時他發的音是對的，可是連成句子時就唸錯了。甚至在一個句子中，改正了這個字的發音，卻又說錯了句中另一個剛才分明就說對的音。

國語語音的參考書

甲、常用

1. 吳金娥等：《國音及語言運用》（台北：三民書局）
2. 師大國音教材編輯委員會：《國音學》（台北：正中書局）
3. 竺家寧：《中國的語言和文字》（台北：台灣書店）

乙、參考研究用

1. 何大安：《聲韻學中的觀念和方法》（台北：大安出版社）
2. 董同龢：《語言學大綱》（台北：東華書局）
3. 王天昌：《漢語語音學研究》（台北：國語日報出版部）

第二講　重點整理

1. 發音正確爲華語教學的首要條件。

2. 國語並不等同於京片子。

3. 學會標準發音，知道自己的發音與標準發音的差距爲何，才能改正自己的發音，教授正確的發音，進而了解學生的錯誤並加以糾正。

4. 不要過份矯正發音到超過自然正確程度，如捲舌音等。

5. 教師聽覺必須十分靈敏，才能分辨出學生的錯誤。

6. 外國學生常見的語音錯誤在發音與聲調。

7. 教師對語言要敏銳，反覆揣摩，才能體會最小音素彼此間的差距。

8. 身爲華語教師，必須具備有關國語語音的知識。

9. 語言學中的專有名詞，學生未必能懂，教學時不應灌輸理論，而是以實際動作讓學生理解。

10. 學生學習重點在於應用，也就是「如何說」。

11. 慢、分解、延長，是讓學生體會字音時，經常可以使用的方法。

12. 不可做錯誤的示範誤導學生。

13. 發音錯誤造成的影響是辨義會發生問題，聽力也難以培養。

14. 全世界目前使用最普遍的華語標音符號，是漢語拼音和
注音符號。

問題與討論

1. 我們國人在國語發音方面常有哪些錯誤？

2. 為什麼發音正確為華語教師的首要條件？

3. 外籍學生的發音有哪些常見的錯誤？應如何改
   正？

4. 對於沒有聲調概念的外籍學生，應如何教學？

5. 目前最普遍使用的中文標音符號為何？

把每一個音素發得正確清楚，

就是最好聽的語言

第 三 講　正 音 練 習

第三講　正音練習

懂了發音，還要正音

　　幾乎所有參加華語教學師資班的人，都會自覺收穫不少，沒錯，因為這是一行你所不了解、從未碰觸的事情，但是最大的問題是在：學完了華語教學，懂得了理論之後，而自己的說法仍是錯誤的，其實這樣的人是不能教華語的。

　　發音既然是華語教學的第一要務，只懂得怎麼發是不夠的，要能真正發得正確清楚。學生常常問我：我發現自己有幾個音說得不好，可是怎麼改過來呢？我的回答是——多練習，說話不要隨便說，每一次說話都要認真地練習。我自己也有一兩個音，當年是在努力練習下才改過來的。

　　還有很多字，我們很多年來自己也不知道一直是唸錯誤的音，偶然發現後，也要立刻牢記改過來。例如：懲罰是「ㄔㄥ／罰」，不是「ㄔㄥ∨罰」，諷刺是「ㄈㄥ刺」或「ㄈㄥ丶刺」，就是不唸「ㄈㄥ∨刺」。

正音要注意的原則

　　因此，正音是華語教學的課程中不可少的一堂課。如何正音？有兩個原則是必須注意的：

51

（一）勤於查字典

有時候我們會發現，這個字好像有兩種唸法，到底哪個讀音才是對的呢？要立刻去查字典。一查字典，我們往往會發現，原來這個字大家都唸錯了，從此以後就唸正確的音。我們一有疑惑，要立刻解決，查得越勤快，收穫就越多。對於不認得的字，我們喜歡運用「有邊讀邊，沒邊讀中間」的原則，自己猜想它的讀音，但這也往往是錯的，一定要查過字典才能確定。

（二）不可以電腦爲根據：一個語言工作者，在語文上不應該如一般人一樣不求甚解，或對語言做錯誤的詮釋，或不懂的字只用臆想，應該有一絲不苟的精神，字字追究去尋找正確的答案。這就好比醫生之於醫學，也不應該如我們一般人一樣抱著錯誤的觀念，醫生必須要求自己具有正確的醫學認知，因爲他不是普通人，他是醫生。同樣的，語言工作者也不是普通人，在語言上，我們當然應該要求自己不可馬虎唸字、用字。上正音課時，常有同學拿著我給的練習資料告訴我，他回去查過了，這個字不是這樣唸的。我問他，你查的是什麼？他說，電腦上就不是這樣唸的。現代人凡事依賴電腦，相信電腦，已到了忘記電腦是誰製造的

地步了。電腦的輸入法的拼音，都是人工鍵入的，鍵入時錯誤了，我們使用時就不得不遷就它，否則我們就找不到這個字，但是絕不可以以非爲是。字典有許多種，其中也有錯誤多的，也有錯誤少的，我們使用字典，本來就須慎選；電腦是根據字典鍵入的，我們怎麼能完全以電腦爲標準讀音呢？

有心爲自己正音，不妨從分類練習開始。許多人努力練習正確發音，但是所發的音是否正確並不穩定，也就是說，有時發得對，有時發得不對，這時候可以練習在一系列同類的發音中，比較自己是否每次發得都完全一樣，要求自己每一次都能正確地發出同樣的音。有幾次唸得不對，自己一聽就可以聽出來了。這種同音的練習，在任何一本國音學的書上都有，可以找自己最需要練習的那一類，開始練習。現在一般國人普遍不容易發正確的音是「ㄥ」、「ㄓ」、「ㄖ」，可以特別針對這幾類發音，檢驗自己，訓練自己。一方面也會同時發現，有許多字音是平常一般人積非成是的發音，也就可以順便改正過來。或是發現自己不認得的字，但那些都是應該知道的，我們不可隨意猜測，讀起來貽笑大方。

我們也會在這樣的練習中，注意到破音字的發音也是

很重要的，同時留意字形與寫法，會有不少收穫。

總之，要不斷地練習，沒有他途。

正音練習舉例

以下舉出一些身為華語教師至少應該知道的字音，看看這些讀音，想想我們平常隨口唸錯了多少字？

因為發音法不正確而常讀錯的字

人參	人聲	妊娠	壬辰	認真	認生
人神	能省	男生	濫整	難成	纜繩
五斤	五經	無情	霧清	無親	誤進
演進	眼鏡	宴請	眼睛	言情	筵慶
出身	出聲	粗聲	初審	禁止	鏡子
年齡	聯名	談情	彈琴	潭心	溏心
功臣	攻城	共乘	陳設	橙色	正色
富翁	互問	輪流	閏年	容易	榮譽
好熱	好樂	露骨	入骨	走路	走入
臉型	黏性	年息	憐惜	戀情	年輕
流連	牛年	抗戰	打仗	站長	戰爭
征戰	增長	成長	星期	心情	新進

豬肉	逐鹿	羸弱	腿軟	累卵	微軟
氾濫	患難	犯人	換人	重鎮	重症
稱職	正直	診治	整飭	識字	四次
私自	師至	吃醋	出處	處事	尺素
四鄰	樹林	士林	畸零	麒麟	繫鈴
近似	近視	竟是	盡是	警示	錦食

風平浪靜	故步自封	逢年過節	魂牽夢縈
輕而易舉	請君入甕	情不自禁	事過境遷
心心相繫	惺惺相惜	信以為真	寸步難行

因為不清楚讀音而常讀錯的字

兩鬢飛霜	嗚咽不已	嫵媚多姿	熾熱難耐
踰越常情	蛻變成長	叨擾多時	手舞足蹈
紕漏頻仍	謬誤百出	言論抨擊	饕餮所好
泥濘不堪	殲滅敵人	棘手問題	覬覦財物
光彩絢爛	躊躇不定	親筆署名	心神嚮往
垂涎三尺	勝券在握	剽竊文章	心思縝密
製作粗糙	極力阻撓	事有蹊蹺	百般挑剔
世間罕見	浪費公帑	遭遇懲罰	緋聞滿天

弦歌不輟	租賃制度	語帶諷刺	手腕狠毒
血流成河	濃蔭遮天	令人咋舌	校對錯誤
按捺不住	不幸夭折	逾期不候	妄加揣度
輕重考量	輿論指責	與會人士	娛興節目
結爲親家	相親結緣	比比皆是	與人嘔氣
嘔吐不已	吐氣發聲	心情煩悶	天氣悶熱
上下顛倒	倒數第一	參差不齊	三審定讞
挑撥離間	張牙舞爪	相形見絀	咄咄稱奇
十載寒窗	如法炮製	間不容髮	爲虎作倀
模稜兩可	未雨綢繆	褫奪公權	呱呱墜地
萬惡淵藪	誹謗中傷	收取佣金	陣前對峙
萌芽起步	深入骨髓	揠苗助長	笑靨可人
夢魘難忘	舛誤多端	贗品充斥	膺選第一
痛下針砭	褒貶不一	夏日冰雹	包庇犯罪
一語成讖	鎩羽而歸	面面相覷	忐忑不安
草菅人命	一塌糊塗	膾炙人口	溯流尋源
鍥而不舍	罄竹難書	居心叵測	病入膏肓
扞格不入	始作俑者	身陷囹圄	一幢房屋
翹翹板	蹺課	黑黝黝	潛在意識
轉捩點	豁出去		

第三講　重點整理

1. 正音應注意的原則：勤查字典、不可以電腦爲根據。

2. 「有邊讀邊，沒邊讀中間」的原則不見得正確，一定要查過字典才能確定。

3. 語言工作者，對語言應該有一絲不苟的精神，字字追尋正確的答案。

4. 在語言上，語言工作者應該要求自己不可馬虎唸字、用字。

5. 電腦輸入法的拼音是人爲鍵入的，我們使用時必須遷就鍵入的錯誤，但絕不可以以非爲是。

6. 使用工具書必須慎選錯誤少的字典。

7. 正音可從分類練習開始，並練習至穩定。

8. 在同一系列發音中練習，比較自己是否每次都發得完全一樣，要求自己每一次都能準確地發出同樣的音。

9. 一般國人普遍不容易發正確的音是「ㄥ」、「ㄓ」、「ㄖ」，應特別針對這幾類發音，檢驗自己，訓練自己。

10. 許多一般人積非成是的發音，不可遷就世俗的錯誤，也應在練習中積極改正過來。

11. 不認得的字，不可隨意猜測字音，以免讀來貽笑大方。

12. 破音字應注意分辨其意義，區分不同的發音。

13. 練習發音的同時，若留意字形與寫法，會有不少收穫。

14. 發音正確要不斷練習，別無他法。

問題與討論

1. 我們積非成是的錯誤讀音有哪些？
2. 如何清楚分辨「ㄣ」「ㄥ」「ㄋ」「ㄌ」「ㄖ」等音？
3. 「ㄓ」「ㄔ」「ㄕ」與「ㄗ」「ㄘ」「ㄙ」應如何正確區分？
4. 對於外籍學生無法發出的困難字音，教師應如何輔導其發音？
5. 正確的發音與世俗的讀音如有牴觸，教師應如何選擇？

第 三 講　正 音 練 習

音在字中，義在形中，

乃中國文字獨到之處

第四講 中國文字的理論與教學應用

　　華語教學中，寫字是不可避免的。中文這麼難寫，學生學習的時候非常不容易，但是我們也不能用教小學生的方法，要他舉起手，在上課的時候跟著老師一筆一畫慢慢寫。華語教學的重點在說而不在寫，上課時不宜用大半的時間教寫字。會說而不太會寫，比起會寫而不太會說，在語言學習上，顯然前者的意義大得多。所以關於文字，我們華語教師需要有正確的文字知識與觀念，利用這些知識與觀念，找出有效的學習方法去幫助他易於書寫。這時候教師就需要有正確的知識與觀念，運用敏銳的思考，做正確的判斷，才能找出靈活的方法。

幾個關於中國文字的重要觀念

（一）中國文字之起源：

　　中國文字起源於倉頡、結繩記事、伏羲畫八卦等等的說法，皆為傳說，文字應是源於圖畫，關於這些文字學上討論文字起始的重要觀念，請參看唐蘭的《中國文字學》。

（二）中國文字演變的趨勢

中國文字演變的趨勢，是由象形→指事→會意→形聲。

（三）中國文字的演變

中國文字幾個重要的演變階段，是甲骨文、大篆、小篆、隸書、楷書。

（四）中國文字的特性與要素

形、音、義是中國文字具有的特性與要素，從形的方面來說，中國文字是方塊字，與拼音文字的長形累積排列不同。由音的方面來說，中國文字是注音文字，每個字都是單音節的，而且每個字都有聲調。從義的方面來看，中國文字是表義文字，不像拼音文字是表音的文字。

華語教師所需要知道的中國文字理論

在實際對外籍學生的華語教學上，其實是幾乎從來不需要對學生講述文字理論的。華語教師需要具備的文字知識，最重要的是關於文字結構的理論，也就是六書的說法。六書的理論，是東漢的許慎在《說文解字‧序》中提出來的。他指出漢字構成的法則有六種，就是象形、指事、會意、形

聲、轉注、假借，在華語教學上，我們需要知道，象形就是根據事物的形狀畫成文字，指事是指出事物的部份，會意是將兩個有意義的部份組合成一個字，形聲是將字形（字義）和聲音兩個部份組合成一個字。

認識六書對華語教學的幫助

　　華語教師本身具有了對六書的認識，可以在教學時幫助學生更容易學習中國文字的寫法，但是教師並不是需要整體介紹六書的意義，而是運用六書的理論讓學生了解，有些字的寫法，是有很有趣的原因的，無形中加深學習的效果：

（一）認識形聲字的構成原則，有助於學習許多字的形音義

　　　　例如：論、倫、淪、輪，這些字都有同樣的部份，這是它的義，而它們具有一樣的發音，只是聲調不同。所以，雖然我們不認識「掄」，我們還是可以推知它的讀音與「論」相近。

（二）認識象形、指事字，可以增加學習趣味

　　　　例如：「日」、「月」、「山」、「水」是分別畫出「太陽」、「月亮」、「山」和「水」的形狀。而「刃」這個字，是指出「刀」的銳利部份。「本」是指出「木」的根本部份。了解象形和指事的構字法則，可以幫助學生

由認識造字的原意，便於記憶、學習。

（三）認識會意字，便於熟記生字

例如：「步」這個字，是由兩個「足」組合而成的，由兩足可以了解，正是跨出了一步，學習起來就容易多了。

（四）認識轉注、假借字，有助於古文的閱讀了解

至於轉注和假借，在文言文的教學時，可以幫助解學許多字義的問題。

華語教學常遇到的文字相關問題

外國學生對於中文的書寫，感到相當困難，他們的問題大致可以分成幾種：

（一）外國學生常寫的錯別字

例如：「己」和「已」他們常常分辨不清，更別提「巳」了。「的」、「地」、「得」的用法，他們也無所適從。還有因為日文漢字的字體有些和中文相近，所以日本學生寫的「歲」、「確」等字，都是似是而非的。

（二）外國學生較難掌握書寫的字形

有些中文字形的比例，是外國學生難以掌握的，例

如：「昌」和「冒」上下大小的比例。有時他們會寫出介於「司」、「可」兩者之間的字。還有「以」這個字左右的比例，中間再加上一點，也是外國學生書寫時很難掌握的字形。

（三）簡繁體字、正俗字體、印刷體、標準字體

目前在台灣使用繁體字，而大陸使用簡體字，簡、繁體字的學習和閱讀，往往造成學生的困擾。再加上我們還有正體字、俗體字、印刷體、標準字體的區別，有時會讓學生混淆，這些都需要加以說明。

（四）不寫字的學生

大部份學習中文的學生，認為說與寫同樣重要，不過也有少數的學生，例如暑假來台灣兩個月的暑期生，能積極利用短暫的時間學習中文，已經很不容易，有時很難在寫字上硬性要求。

華語教學在文字方面應注意的原則

華語教學雖然不需要應用太多的文字理論，也不需要在課堂上講授字的寫法，但是書寫中文仍然幾乎是學生每天必做的功課，所以教師應該注意以下的原則：

（一）要有正確的文字知識，不可隨意臆測

（二）生字教學時，可選擇有趣的、容易記憶的構字法則，幫助學生記憶如何書寫，但是並非每個字都必須如此教學，徒增學生的負擔。

（三）批改作業時，應該將學生寫錯的部份圈出，使學生了解該特別注意的地方。

（四）初級中文的筆順教學，並不像小學的國語教學，教材所附帶設計的作業本，有每個生字清楚的筆順，不必在課堂上特別練習，以免浪費上課寶貴時間。

（五）標點符號的使用，教師必須了解正確的用法，學生對於頓號、分號、冒號，較難分辨。

關於中國文字的參考書

甲、常用：

1. 唐蘭：《中國文字學》（台北：開明書店）

2.《形音義綜合大字典》（台北：正中書局）

3. 汪中等：《書法欣賞》（台北：國立空中大學）

4. 劉兆祐：《中國的古文字》（台北：行政院文化建設委員會）

5. 段玉裁：《說文解字注》（台北：廣文書局）

6.《常用國字標準字體表》（台北：正中書局）

7. 林尹：《文字學概說》 （台北：正中書局）

8. 李孝定：《漢字史話》（台北：聯經出版事業公司）

9. 李孝定：《漢字的起源與演變論叢》（台北：聯經出版事業公司）

10. 衛聚賢：《如何認識中國文字》

乙、工具書：

1.《國語日報辭典》（台北：國語日報社）

2. 教育部重編國語辭典編輯委員會：《重編國語辭典》（台北：台灣商務印書館）

第四講 重點整理

1. 學習華語的過程中，學寫字是不可避免的。

2. 會說而不太會寫，比起會寫而不太會說的情況，顯然前者意義大得多。

3. 華語教師需要有正確的文字知識與觀念。

4. 教師有了文字知識與觀念，運用敏銳的思考，做正確的判斷，才能找出有效的學習法，幫助學生易於書寫。

5. 中國文字起源於倉頡、結繩記事、伏羲畫八卦等等的說法，皆為傳說，中國文字實應是起源於圖畫。

6. 中國文字演變的趨勢：象形→指事→會意→形聲。

7. 中國文字演變的重要階段：甲骨文、大篆、小篆、隸書、楷書。

8. 中國文字的特性與要素：形、音、義。

9. 中國文字是：方塊字（拼音文字是長形累積排列），注音文字（每個字都是單音節），也是表義文字（拼音文字是表音）。

10. 實施華語教學時，要想法幫助學生克服學習寫字的實際困難，不需要對學生講述文字理論。

11. 華語教師需要具備最重要的文字知識，是關於文字的結構理論，也就是「六書」。

12. 東漢許慎《說文解字‧序》提出「六書」理論，指出漢字構成法則有六種：象形、指事、會意、形聲、轉注、假借。

13. 象形就是根據事物形狀畫成文字，指示是指出事物的部份，會意是將兩個有意義的部份組合成一字，形聲是將字形（字義）和聲音組合成一字。

14. 教師運用「六書」理論，在教學時可幫助學生更容易學習中國文字的寫法。

15. 了解形聲字的構成，有助學習形音義；象形、指事字可增加學習趣味；認識會意字便於熟記生字；轉注、假借字的知識，有助古文閱讀。

16. 外籍學生中文書寫的問題是：錯別字、字形不易掌握、中文有數種不同的字體。

17. 教師應有正確的文字知識，不可隨意臆測；生字教學可斟酌構字方法提示，便於學生記住字形，但不應每字如此，徒增學生負擔。

18. 批改作業要應將學生錯誤部份圈出。

19. 教師必須正確使用標點符號。

問題與討論

1. 中國文字的起源為何？

2. 中國文字的特性與要素為何？

3. 中國文字演變的情況如何？

4. 認識文字的結構對華語教學有何助益？

5. 外國學生學習書寫中國文字時的困難是什麼？

詞彙的聯集與交集，

無疑是華語教學園林的縱橫阡陌

第五講 中文詞彙教學法與詞彙的比較教學

　　中文的三大要素，形、音、義，前幾講我們已討論了發音與文字，以下我們要開始談字義的問題。關於字義的討論，就進入漢語語法的範圍了。

　　講授漢語語法的書籍很多，不妨選擇重要的幾本研讀，但是身為華語教師，需要隨時留心語言、分析語言，包含語言的觀念、方法、思考的原則，討論語法的書籍有助於這方面的思考。

中文詞彙結構

　　華語教學中需要不少關於現代漢語的語法知識，以下是華語教師在教學上需要具備的基本關於詞彙的認知：

（一）字與詞

　　字，是語言書寫的最小意義單位。詞，是語言的最小意義單位，我們的語言中有單音詞、雙音詞，偶有三音詞。

（二）詞性－－詞的分類

　　關於詞性的分類，有幾個重要觀念是需要明白於心的：

1. 我們使用語言時，是一種直覺的運用，很少分辨詞性，但是對外國學生來說，詞性的分辨非常重要，知道詞性，他們才會了解這個詞彙在句中基本的使用法，以及可能安排的位置。

2. 詞性的判定，應視詞在句中的作用而定，並不是每個詞彙的詞性都是固定的，例如有些詞作用單純，向來只當作名詞使用，可以單獨判定詞性。可是有些詞的詞性，完全看它在句中的狀況而定，它不只具有一種詞性，比方說：「溫暖」一詞，我們可以說「這個月的氣候很溫暖」，在這個句子裏，溫暖是形容詞。可是，「同學對他的熱情與幫助，溫暖了他的心」，在這個句子裏，溫暖是動詞。

3. 常用詞彙的重要詞性應會分辨，其他不常用的，可以查書、查字典，比較周全。

華語教學上所需要知道的詞性分類

在一般的漢語語法書中，討論漢語詞彙時，把漢語詞彙的詞性分類得非常細，各家的分類法彼此也有些差異，本講只提出華語教學上所必須知道的重要詞類：

（一）名詞

名詞當然是很容易分辨的，只是在結構上還要注意，有些名詞是帶有前後綴的，例如：「老」師、骨「頭」等等。而「老頭」、「罐頭」又不同，是屬於特指。

（二）動詞

中文裏有幾種特殊的動詞結構，是華語教學中必須特別認識的，例如：VO(動受複合詞)，例如：買書、吃飯、唱歌、跳舞等等都是。RV（結果複合動詞），例如：起不來、上不去、吃不起、聽不懂之類皆是。至於可分動詞、不可分動詞也是學生在學習時需要分辨的，如「檢查」、「買賣」是不可分的動詞，而「買書」則是可分的動詞，學生使用時才不會弄錯。不過，及物動詞、不及物動詞倒不需特別注意，因爲不及物的動詞不多，學生使用錯誤的情況少。

（三）形容詞

中文裏的形容詞，大部份具有動詞的功用，可以代替動詞，這樣的形容詞我們稱爲性狀動詞，簡稱 SV。例如：圖畫書、我的書、好書，都是形容書，但是「好」是性狀動詞。性狀動詞的區別法，有一個很簡單的方法，那就是可以加上「很」的形容詞，例如：很高、很熱、很高興、很熱情，其中的高、熱、高興、熱情，

都是性狀動詞，若用在句中往往就不一定需要再用動詞了。

（四）副詞

例如：很，剛，這麼，可以修飾動詞、形容詞，或說明情況，但是它不能單獨指稱，必須附加於形容詞或動詞之後。

（五）代詞

人稱代詞——你、我、他

指示代詞——這裏、那樣

（六）疑問詞：誰、什麼、怎麼、多少

（七）量詞（Measure Word）

量詞在中文裏是非常特殊的，每一個名詞需要用哪一種量詞，往往是固定的，對外國學生來說非常不容易記得。其實，使用哪一種量詞也是根據名詞的特點來決定，我們可以大致歸類，讓學生有所遵循，不容易用錯。

其實，學者對於許多詞性的歸屬不一，教師只要掌握大原則，幫助學生分辨重要的詞性，至於細瑣的詞類分辨，對於教學並無妨礙，是不需要討論的。因為在華語教學中，對

於難以歸屬的詞類，沒有人真正問這些詞類的名稱，只問意義與用法是否正確。

詞彙結構分析

詞彙的構成，可能有以下幾種情況：

（一）意義結構－－看報、難分高下、聚精會神

（二）聲音結構－－雙聲、疊韻、聲調相同

（三）作用結構－－VO、VV、RV 等

詞彙的教學法

華語教學中，詞彙的教學，就是生字教學，所謂生字與生詞的稱呼，其實意義是一樣的。

（一）生字教學的方法

1. 領說：教師先說，學生跟著說，模仿教師的發音。

2. 問答：可以是教師問，學生回答，也可以是同學問，同學回答。

（二）生字教學的內容

課本意義與用法，是學生首先需要了解的。有時這個生字，還有除了課本以外另外一種重要的用

法，或另外一種重要的意義，也應一併舉例說明。

關於詞彙教學的重要觀念

華語教師在進行詞彙教學時，有幾個重要的觀念是需要認識的：

（一）用詞與文化具有絕對的關係

文化往往顯示在語言中，例如：中國人有很多關於「玉」的詞彙，可以知道早期的中國文化是非常重視玉的。愛斯基摩人的語言中有很多關於「雪」的詞彙，可以知道愛斯基摩人的生活，與雪息息相關。

（二）中文與英文非一對一的對應

任何兩種不同的語言，雖然可以互譯，但是往往不是絕對的對應，例如：英文中的「good」、「well」都是中文裏的「好」，究竟是怎樣的好，使用中文的人往往不能了解。英文中的「ask」，是中文裏的「問」或「請」，所以外籍學生常說「我問他幫我搬家」，就是因為他不知道，英文的「ask」，其實對應到中文有兩個詞彙。

（三）書只能提供參考，不能針對問題解決

我們的中文字典，在解釋詞義的時候，常常互相循

環，例如：「往往」的解釋是「常常」，「常常」的解釋又是「往往」，其實「常常」和「往往」是不同的用法。目前關於詞彙的參考書，很少提供外國學生這方面的資訊，所以這是外國學生感到很困擾的地方。所以，教師在詞彙教學時，需要用自己的語言習慣去歸納詞義與用法，幫助學生了解。

（四）教師在教學時，詞彙的意義難以顧及周全，所以教學要隨時修正、更新。

詞彙比較教學法

（一）為什麼要比較詞彙

我們國人使用詞彙是一種直覺的習慣，很少注意詞彙之間的異同，但是看來好像同樣意義的詞，為什麼我們在這裡用這個詞，而在那裡又用那個詞，這是外國學生最需要了解的，可是字典卻不能提供答覆。老師與字典不同的地方，就在於教師可以舉例說明來比較詞彙意義的不同。

以下用幾個學生用詞不當的句子為例：

1. **看新聞的時候，我每天都生氣，因為常常我不同意政府的做法。**

   同意不同意，是一種資格，我們只能贊成不贊成政

府的做法，卻沒有資格不同意它的做法。

2. **對我來說，感冒是很普遍的事，不必到醫院看病。**

很多人感冒，那麼感冒是一件很普遍的事，可是對我來說，感冒是一件很普通的事。

3. **醫生給我開藥後，讓我走。**

讓我走，意味著命令我離開；讓我離開，語氣比較緩和，沒有命令的意味。

4. **我受不了他每天忘記關燈的習慣。**

習慣是故意去做的，或是故意不做，例如不帶書是一種壞習慣，而忘記不是習慣。

由此可見，外籍學生雖然了解了詞義，可是在使用上還是不能掌握，這是他們上課需要多練習的地方。

（二）詞彙比較教學的原則

教學時遇到需要比較詞彙的情況很多，教師應該注意幾個原則：

1.教師的反應要迅速敏銳

2.有時教師必須思考，無法立刻回答，可於次日逐條整理答覆

3.有些常用的詞彙比較，應成竹在胸，不可臆說

4.多想幾個情況，單一的孤證力量既薄弱，也最不可靠

（三）詞彙比較教學的方法

　1.逐字思考原義

　　例如：檢查、調查、觀察有什麼不同？可以從察看、

　　查看的區別來思考。

　2.分辨詞彙的交集與聯集關係

　　有時外國學生感到混淆的詞彙，甚至可能沒有交集，

　　例如外國學生把「婚姻」和「結婚」混淆，說成「他

　　的結婚很幸福」，可是「婚姻」才是指「結婚」以後

　　的生活，應該說「他的婚姻很幸福」。

　3.不可任意等同

　　對於相似的詞彙，不可以輕易說他們是相同的，因為

　　完全相同的詞彙太少，例如：「適合」與「合適」雖

　　然意思相似，可是「適合」是動詞，「合適」是形容

　　詞，用法不同。「幫忙」與「幫助」看似相同，可是

　　「幫忙」是可分動詞，「幫助」是不可分動詞。

　4.分析詞彙結構

　　有時候分析詞彙的結構，可以幫助了解，例如：旁門

　　左道，的第一字與第三字同義，第二字與第四字同

　　義，所以只要了解「旁門」或「左道」其中一組，四

　　個字的詞彙就不是那麼難以理解了。其他如低聲細

語、聚精會神，都是如此。

5.注意詞性是否相異

例如：「恐懼」與「恐怖」都是害怕，可是「恐懼」是動詞，也是名詞，也是 SV，而「恐怖」是 SV。附帶一提的是，「恐怕」一詞，卻與害怕無關，只是表示大概會有一個負面的情況。

6.說明使用情況各異

有的字具有批評性質，例如「闊」和「有錢」的意味不同，「鼓勵」和「慫恿」、「執著」和「固執」正負面意義不同。「釣大魚」是屬於輕鬆用法，「守株待兔」則是正式用法，往往用在書面語，而「SV 兮兮」、「SV 之至」則是口語。

7.注意文法是否不同

例如：同樣是結婚一事，「張先生娶了王小姐」，「王小姐嫁給張先生」，「嫁」字要用「嫁給」，「娶」字則不用「給」，這是文化因素的影響。

8.以實例舉出相異處

語言的解釋總是不容易周全，而且可能越解釋越糾纏難辨，最好列舉實例，歸納說明兩個詞彙的不同處究竟在哪裏。

（四）詞彙比較教學舉例

　　1.自動、主動、被動

　　2.最後、到底、畢竟、究竟

　　3.後來、以後、然後

　　4.結果、結局、最後

　　5.常常、往往

　　6.可以、能、會

　　7.保險、保證、保障

　　8.原因、理由、藉口

　　9.阻礙、障礙、妨礙

　　10. 志願、願望、志向、自願

　　像這樣類似的詞彙比較，是華語教學上常碰到的問題，我們姑且以第一例來說明，「主動」和「被動」的區別當然很明顯，可是「主動」和「自動」有什麼差別呢？在比較詞彙的時候，我們可以舉出很多它們不同的地方，可是教學時，教師要能思考出關鍵的差異，直接切入，學生才易於分辨。

　　孩子到了晚上十點，「自動」上床睡覺。

　　職員在上班以前，各自喝茶看報，一到八點，就「自

動」開始工作。

學生上課的時候，「主動」提出問題。

可見，「自動」與「主動」的不同，在於「自動」是對於該做的事情，不必他人提醒，就自己去做，「主動」並非針對必須做的事情，就自己願意去做。

本講關於詞彙比較的討論，只是希望提醒你，由語言中的用詞、思想、邏輯、觀念開始，思考文化的影響及差異，並培養清晰的邏輯，希望各位以後要多留心自己的語言，因為語言的精確使用有助於邏輯訓練，漸漸地你也會發現，觀察我們生活中的語言詞彙，是一件極有趣的事情！

關於中文詞彙與語法的參考書

1.呂叔湘：《現代漢語八百詞》（北京：商務印書館）

2.張斌：《現代漢語虛詞詞典》（北京：商務印書館）

3.鄧守信：《近義詞用法詞典》（台北：文鶴出版社

4.王力：《中國現代語法》（北京：中華書局）

5.劉月華等：《實用現代漢語語法》（台北：師大書苑）

6.錢乃榮主編 ：《現代漢語概論》（台北：師大書苑）

學生使用詞彙錯誤的實例

1.你要對身體好，就要吃適當的菜。

改正：你要對身體好，就要吃適當的青菜。

說明：學生以為「菜」就是「青菜」，卻不知在中文裏「菜」
有兩種意思，一是指「青菜」，一是指「吃三餐飯
時所吃的菜的通稱」，例如買菜，就未必是只買青
菜。

2.在台北，沒有那麼多人開車開得正確。

改正：在台北，沒有那麼多人開車遵守交通規則。

說明：只有教開車的教練會去研究一個人開車是否正確，
我們通常討論的是一個人是否遵守交通規則。

3.我媽媽天天養我和我妹妹，不能出去工作。

改正：我媽媽天天照顧我和我妹妹，不能出去工作。

說明：父母養孩子雖然沒錯，但是加上「天天」一詞，就
要用「天天照顧孩子」，而不能說「天天養孩子」
了。

4.有的時候去不好的餐廳，可以吃不夠入味，還是很鹹淡的
菜。

改正：有的時候去不好的餐廳，會吃到不夠入味，或是很
鹹或很淡的菜。

說明：學生對於「可以」、「會」分辨不清；「還是」、「或是」的用法混淆；亦不知如何同時表達鹹、淡等兩種不同意義的方法。

5.她太早結婚了，自己還年輕，又生了小孩，真不能安心的過日子。

改正：她太早結婚了，自己還年輕，又生了小孩，真不能安靜地的過日子。

說明：學生對於「安心」的意義誤解，以為是「靜下心來」、「安靜」等的意思，選擇「安靜」是採取字面上較接近、意義又較正確的字改正。

6.說中文要有發音對的必要，別人才會聽話。

改正：說中文必須發音對，別人才會聽懂你的話。

說明：「有……的必要」語氣較弱，表示應該這樣做，需要如此做，而「必須」語意較強，表示一定要這樣做。「聽話」指的是像孩子一樣乖乖地聽父母的話，和「聽懂……的話」是不一樣的。

7.我朋友明年要去英國進行學術交流。

改正：我朋友明年要去英國留學。

說明：學生誤會「學術交流」的意義，以為學術交流就是留學的往來，其實學術交流必須是多人參加，而且

是兩國之間進行學術交流，不是一個人去另一國進行學術交流。

8.醫生問我有什麼症狀，以後告訴我，他想最好的治療是什麼。

改正：醫生問我有什麼症狀，然後告訴我，他想最好怎麼治療。

說明：學生對於「以後」、「然後」的用法混淆，後半句是用英文直接思考後的翻譯，應改為中式的語句。

9.醫生有的時候可以開藥送給你吃什麼藥物。

改正：醫生有的時候可以開藥，給你吃一些藥物。

說明：這是學生對於「給」和「送給」的意義分辨不清，再將英文中的 something 直接翻譯成「什麼」，但是殊不知不同語言的詞彙往往不是一對一的對應，something 在中文裏就至少有「什麼」和「有些」兩種意義。

10. 我每天沒有好吃的東西，怎麼可以滿意？

改正：我每天沒有好吃的東西，怎麼會滿意？

說明：這是學生對於「可以」和「會」的用法混淆不清。

11. 可惜大部份的新聞都是可悲的新聞，我想報紙上一定要發行很愉快的事情，這時候人人都要買報紙。

改正：可惜大部份的新聞都是可悲的新聞，我想報紙上一定要登很愉快的事情，這時候人人就都要買報紙了。

說明：關於報紙有兩個可以使用的動詞，但是「發行」和「刊登」所指是兩回事，學生往往不會分辨。

12. 他不喜歡在別人面前展示感覺。

改正：他不喜歡在別人面前表示他的感覺。

說明：「展示」是像個產品一般擺在外面給別人看的，「表示」是人把自己的想法或感覺說出來或顯現出來。

13. 他媽媽真不耐煩，小孩子開始玩一玩，就引起她的抗議。

改正：他媽媽真不耐煩，小孩子開始玩了一會兒，就引起她的不滿。

說明：抗議使用的範圍，只有下對上，或平輩對平輩，沒有上對下的抗議。玩一玩是個輕鬆的說法，但是只有「開始玩」，沒有「開始玩一玩」。

14. 中國人喜歡說他們的歷史佔世界第一位長。

改正：中國人喜歡說他們的歷史是世界最長的。

說明：佔第一位是指份量最多、佔大部份，但不是指時間最久。

15. 他又高又胖，他的大小佔我們第一位。

改正：他又高又胖，他的體重是我們當中最重的。

說明：「大小」與「體重」意義不同。

16. 加州的天氣佔美國第一位。

改正：加州的天氣是美國最好的。

17. 她身體明明很好，可是常常製造生病，所以別人會安慰她。

改正：她身體明明很好，可是常常假裝生病，所以別人會安慰她。

她身體明明很好，可是常常製造生病的理由，所以別人會安慰她。

說明：生病不能「製造」而是「假裝」，但是製造某個理由，是可以說得通的。

18. 她復原了身材。

改正：她的身材恢復了。

說明：「復原」是把較亂或受破壞的情況改變成回到原來的情況，如戰後復原、身體復原，但是身材、信心、習慣等等，只能用恢復，不能用復原來表示。

19. 她的外面似乎很快樂。

改正：她的表面似乎很快樂。

說明：一個人的「外面」，是指在身體以外，例如「他在

　　襯衫外面穿了一件外套」。但是「表面」是指從一

　　個人的外觀來看，不談內心的情況。

20. 她丈夫天天喝酒，讓她的婚姻生活很辛苦。

　　改正：她丈夫天天喝酒，讓她的婚姻生活很痛苦。

　　　　她丈夫天天喝酒，讓她的生活很辛苦。

　　說明：婚姻生活是指婚姻關係下兩人的生活，如果丈夫

　　　　　天天喝酒，婚姻關係一直存在，但是這種生活令

　　　　　人痛苦。或是因爲丈夫喝酒，使她必須努力賺錢

　　　　　或工作，因此生活很辛苦。

21. 李白的才氣橫溢，他的作品不拘於時。

　　改正：李白的才氣橫溢，他的作品不受時代的限制。

　　說明：「不拘於時」是指一個人的個性不受世俗的束縛，

　　　　　而非作品。

22. 不論男女老少都陶醉於她的美貌中。

　　改正：不論男女老少爲她的美貌陶醉。

　　說明：「陶醉於……中」，通常是一個令人陶醉的環境，

　　　　　可以陶醉於美夢之中，但美貌只能令人爲它陶

　　　　　醉，不能陶醉在美貌之中。

23. 犯罪的人總是犯罪的人。

　　改正：犯罪的人往往會再犯罪。

　　說明：原句在中文裏不具有何語意。

24. 中國人喜歡用打招呼的方式來解決嚴重的事情。

　　改正：遇到嚴重的事情，中國人喜歡去跟熟人打招呼說
　　　　　人情來解決事情。

　　說明：打招呼有兩種意義，一是兩人見面時具體的動作，
　　　　　表示問候；一是指藉著人情關係順利處理事情，
　　　　　是抽象的意義，並非真的問候

25. 雖然他在公司裏的頭銜很好，可是還看起來年輕氣盛。

　　改正：雖然他在公司裏的職位很高，可是他看起來年輕
　　　　　氣盛，大家不喜歡他。
　　　　　雖然他在公司裏的頭銜很好聽，可是他看起來年
　　　　　輕氣盛，不太會做事。

　　說明：原句的前半與後半，輯銜接不起來，必須加文句
　　　　　說明。「職位」是一個人工作上所居的地位，「頭
　　　　　銜」則是我們對一個人的稱呼，通常稱呼他在工
　　　　　作上的職位名稱，但有時這種稱呼只是採用好聽
　　　　　的名稱，未必真的有實權或實職。

26. 今天晚上是我朋友的生日派對，我簡直忘記了。

　　改正：今天晚上是我朋友的生日派對，我幾乎忘記了。
　　　　　今天晚上是我朋友的生日派對，我差一點忘記了。

說明：「簡直」＝「差不多等於」，「簡直氣死了」意指「差
不多等於氣死了」，「簡直不敢相信」指「差不多
等於不敢相信」，但是「差一點忘記」意指最後仍
想起來了，和「忘記某事」是不同的。所以「忘
記」一詞，不能用「簡直」來修飾或說明。

27. 他在外面工作，受到許多不平。

改正：他在外面工作，受到許多不公平的待遇。

28. 他沒頭沒腦地蹺課。

改正：他沒有原因就蹺課。

他無緣無故地蹺課。

說明：學生誤會了「沒頭沒腦」的意思，我們可以說「他
沒頭沒腦地說話」，是指他說的話很突然，他不知
為什麼忽然冒出了某些話，可是蹺課是沒有原因
的，不能用沒頭沒腦來形容。

29. 聽了他說的話，我身不由己地打了他。

改正：聽了他說的話，我忍不住打了他。

說明：「身不由己」是形容受到外在環境影響不能控制自
己而做的事，「忍不住」則是忍耐了半天，仍然無
法忍下去而做的事。

30. 由於政府有許多貪官，使大眾產生共鳴。

改正：由於政府有許多貪官，使大眾產生共同的想法，
　　　要官員下台。

說明：「共鳴」一詞是指正面的事，應指對好的情況的共
　　　同想法，負面的事則不能使用。

31. 我昨天在路上看了我朋友。

改正：我昨天在路上看到我朋友。

　　　我昨天在路上碰到我朋友。

說明：「看到」、「看見」或「碰到」、「碰見」都可以，但
　　　是用「在路上看了我的朋友」表示過去「看到」
　　　的經驗是錯的，因為「看朋友」表示的是意思是
　　　特別去探望他。

32. 畢業典禮所有的場面非常嚴肅。

改正：畢業典禮的場面非常嚴肅。

說明：畢業典禮的場面即已包括一切，不必強調「所有
　　　的場面」。

33. 他真忍心不告訴我。

改正：他真忍得住一直不告訴我。

　　　他真狠心不告訴我。

說明：若是單純指「忍住不說」，不能用忍心一詞。何況
　　　「忍心」是指懷著殘忍的心，因此中文只有「不

忍心」「怎麼忍心」，沒有「真忍心」的說法，

34. 別拿忙做藉口而放鬆學習。

　　改正：別拿忙做藉口而懶得學習。

　　　　　別拿忙做藉口而學習鬆懈了。

　　說明：中文沒有「放鬆學習」這個說法，對於學習這件
　　　　　事，在我們的文化裏，認為只有懶或是鬆懈這種
　　　　　負面的態度，並沒有「放鬆」這樣的思考。

35. 按照爸爸的慣例，吃飯時我們要跟一家人一起吃完。

　　改正：按照爸爸的規定，吃飯時我們要跟一家人一起吃
　　　　　完。

　　　　　按照爸爸規定的慣例，吃飯時我們要跟一家人一
　　　　　起吃完。

　　說明：這不是爸爸個人的慣例，而是爸爸希望或要求後
　　　　　造成的慣例，是「全家人的習慣」。

第五講 重點整理

1. 字，是語言書寫的最小意義單位。

2. 詞，是語言的最小意義單位。

3. 學生須先認識詞性，才會了解辭彙在句中的基本用法。

4. 詞性的判定，應視詞在句中的作用而定，並非每個詞彙的詞性都是固定的。

5. 華語教學上所需認識的詞性分類：名詞、動詞、性狀動詞、副詞、代詞、疑問詞、量詞。

6. 中文的特殊詞構：VO、RV。

7. 中文量詞是根據名詞特點決定的，對外籍學生而言，不容易記得每種物品正確的量詞為何。

8. 學者對詞性的歸屬不一，只要無妨教學，能幫助學生分辨重要的詞性，細瑣的詞性不需要討論，因為在華語教學中只問意義與用法是否正確。

9. 詞構可能的情況有：意義結構、聲音結構、作用結構。

10. 華語教學中，所謂生字與生詞意義相同，詞彙教學就是生字教學。

11. 重要的生字教學方法：領說、問答。

12. 學生首先需要了解課本中生字的意義與用法，若有另外的重要用法、意義，也應一併舉例說明。

13. 詞彙教學重要觀念：用詞與文化具有絕對的關係；中文與英文並非一對一對應；書籍只能提供參考，不能針對問題解決；教學時難以顧及周全，教學要隨時修正、更新。

14. 國人使用詞彙是一種直覺的習慣。

15. 華語教師與字典的不同處，便是教師可以舉例說明來比較詞彙意義的不同。

16. 詞彙比較教學原則：反應要迅速敏銳，無法立刻回答的問題，可於次日逐條整理答覆；基本常用的詞彙比較應成竹在胸，不可臆說；單一孤證力量薄弱，極不可靠。

17. 詞彙比較教學方法：逐字思考原義，分辨詞彙的交集與聯集關係，分析詞彙結構，注意詞性是否相異，注意詞彙使用情況是否各異，注意文法是否不同，不可任意等同二詞，教學時應舉出詞彙相異之處供學生比較歸納。

問題與討論

1. VO（動受複合詞）有什麼特殊性質？

2. RV（結果複合動詞）有什麼特殊性質？

3. 生字的基本教學法是什麼？

4. 兩個意義相近的詞彙，在教學上應如何分辨使學生明瞭其分別？

5. 文化的因素對語言詞彙的使用有什麼影響？

6. 詞性的分類與判定對於學習者的使用有什麼影響？

7. 中文常見的詞彙結構有哪些？

無法不成句，無句不成文，

文法與句型蘊藏語言中微妙的邏輯關係

第六講　華語教學中的語法問題

　　很多人學英文的時候，都有這樣的痛苦經驗，就是文法規定太繁雜，動輒使用錯誤，所以背英文文法成爲中學生活的惡夢。當我們反思自己學習中文時，從來沒有碰到文法的問題，所以有的人就以爲中文的文法非常簡單。然而我們在教外籍學生中文文法的問題時，不妨將心比心，想想自己學英文時，文法有多麼困難，那麼我們在教中文時，就可以想見，外籍學生學習中文也是極困難的。

中文真的沒有文法嗎？

　　我們說母語的時候，從來都不需要思考文法，所以甚至有人說，中文沒有文法，但是中文真的沒有文法嗎？沒有文法如何形成語言？中文當然有文法。

　　我要吃飯。

　　我要飯。

　　我吃飯。

　　我飯吃。

　　以上這些句子的意思一樣嗎？其實都不一樣，而且最

後一個句子根本是錯誤的。但是，如果沒有文法，它們應該都可以成立。

中文文法之豐富，是一時討論不完的，本講的原則是只講與華語教學相關的文法問題，其中詞彙結構已在前講討論過，華語教學語法的重點是句型。

句型－－華語教學最常碰到的語法問題

（一）何謂句型：

1.句型是句子的基本型態、骨幹，可以根據這個基本架構，再添加其他東西，使句子更為豐富。

例如：我去學校（基本骨幹是 S＋V＋PW）

→我七點三十分去學校。（加上時間）

→我七點三十分出門去學校上課。（加上動詞的說明）

由基本骨幹添加東西後，使句子豐富，教師要教導學生在使用時，如何正確安排添加成份的位置，於是句子可以越說越精彩豐富。

2.句型提供聽者判斷，準備接收某些特定意義的訊息，所以句型使人有所期待，教師應該指出這些意味，使學生使用正確，能精準地表達意義，也能快速掌握他人的訊

息。

例如：他因為生病了，所以不能來上課。（※期待因果關
　　　係的說明出現）

　　　雖然那件衣服很便宜，可是我買不起。（※期待相
　　　反情況的敘述出現）

（二）華語教學中所謂的句型

　　華語教學中所謂的句型，除了指基本的句型架構，還
包括固定用法組合，例如：「雖然」與「但是」一定是合用
在一個句中的，這就是一個華語教學所謂的句型。又如：「因
為」和「所以」也是合用在句中的，雖然有時未必說「所以」，
但那是一種省略。句型有時也是一些非詞的組合，例如：連…
都、連…也，有時「虛詞」與「句型」的界限甚至有點模糊。

（三）如何教中文句型

　　我們先用初級的句型來說明句型的教法，例如實用視
聽華語（一）第1課：

　　我姓王。

　　他叫李大衛。

　　李先生是中國人。

這是初級班的外籍學生一開始學習的文法，我們可以發現

105

它的句型骨幹是「N＋V＋N」，於是教師可以先在黑板上
列出，再一一將句子按照這樣的骨幹排列下去：

N	V	N
我	姓	王
他	姓	李
李先生	姓	李
他	叫	李大衛
我	叫	王珍妮
李先生	是	中國人
王先生	是	中國人
他	是	美國人
我	是	中國人
她	是	日本人
他	是	王先生
我	是	李大衛
她	是	王珍妮

學生可以很清楚地認識「姓」、「叫」、「是」可以組成哪些句子，而且明瞭這些句子是按什麼樣的順序組成的，反覆練習後，再由學生運用「姓」、「叫」、「是」三個句型，來說明他自己的真正情況。

　　上面所說的是句型的基本教法，至於教句型時可以運用的技巧，其實也不外運用基本的華語教學法－－領說、問答的方式，而教學的原則，是由基本句型延伸、加長，同時代換生詞。

華語教學中簡單常用的句型

雖然...可是（但是、不過、然而）

因為...所以

因為...而、因...而、因而

又...又、既...又

在...上，在...情形下

在學校裏，在...心目中

連...都、連...也

SV 一點，有一點，一點也不

差一點、差一點沒 V、差一點 V

而且、並且

到底、畢竟

就是、就算、即使、縱使、縱然…也

在這裏我們隨手拈來一些簡單的句型，這些都需要教師思考如何引導，如何使學生學會用此句型表達，華語教師應該對這些句型的分辨與實例熟悉於心。

句型的作用何在？

我想舉一個常使外籍學生困擾的句型，來說明句型到底有什麼的作用。「一天…一天…」，這是個看似非常簡單詞彙組合的句型，在課本中所提供的例句是：

「世界一天不和平，人們就一天不能安居樂業。」

學生模仿所造的句子則是：

「房東一天叫我搬家，我就一天不搬家。」

這個句型使用錯誤，可是問題在哪裏？

有人檢討這個句型，認為應該是：「一天…一天…」或「一天不…一天不…」，前後都用「不」或都不用「不」，可是若說成「房東一天叫我搬家，我就一天要搬家」，仍然是錯的句子，可見「不」的一致與否也並非關鍵。

我們試想一下常用的例子：

他一天不道歉，我就一天不理他。

他一天不答應付我五百萬，我就一天不離婚。

做一天和尚，撞一天鐘。

當一天老師，就一天不能鬆懈。

我們可以發現，其實這個句型的關鍵，在於它顯現出一種因果的邏輯狀態，它表示的是「現在的狀況，若無改變，持續下去，則...」。

句型其實含有一種邏輯存在，所以句型能夠使聽者一聽到前半句時，就已經大致掌握了後半句發展的方向了，這是我們可以很快聽懂對方意思的一個很重要的原因。因此我們在教句型的時候，要注意句中存在的邏輯，它顯示出說話者的心意，幫助聽者掌握，我們必須在教學時，把這樣的理解方法，傳達給不是沉浸在這個語言文化中的外籍人士，這是他們最沒有辦法充份掌握的。

「雖然」、「固然」的句型比較

雖然那件衣服很便宜，可是我買不起。

那件衣服固然很便宜，可是我不想買。

去美國雖然很好玩，但是要花很多錢。

去美國雖然很好玩，但是去日本也很好玩。

去美國雖然很好玩，但是要花很多錢，我們不如去日本，去日本也很好玩啊。

去美國固然很好玩，但是去日本又好玩又不貴。

雖然你的建議很好，可是很難實行。

你的建議固然很好，可是很難實行。

雖然你的建議很好，可是他的建議也很好。（本句似是而非，不合文法）

你的建議固然很好，可是他的建議也很好。

外籍學生語法問題舉例

外籍學生在語法上顯現的問題極多，我們大致可以歸類為幾項：

（一）句子不完全，或排序錯誤

這是在句子的結構組織上有問題，例如：

他已經十年做警察的工作。

請帶來那些用品昨天放在你的桌上。

我平常生病一年一次。（這個句子不但文法有問題，邏輯亦有問題）

（二）不了解固定片語或生字片語的用法

　　我昨天吃了很奇奇怪怪的東西。

　　經學生說明他所吃的是個「白色的，正方形，又有臭味」的東西後，我才知道他所說的是臭豆腐，問題在於「奇怪」可以強調為「奇奇怪怪」，但是一般加上「很」字的SV，重複為四字後，就不能再加「很」字了。

　　你的意思我明瞭，可是你的理論應該對這件事有符合的條件。

　　這是個韓式句法所組成的句子，正確的文法應該是「可是你的理論不符合這件事的條件」。

　　他對面子的事，什麼都做。

　　正確說法是「他為了面子，什麼都做」。

　　我對我的太太告訴這個故事。

　　正確說法是「我對她說這個故事」，或是「我告訴她這個故事」。

（三）未依句型的邏輯造句

　　我上星期買的耳機又清楚又貴。

　　他不但不要跟你說話，反而他也不想看我。

　　犯罪的人總是犯罪的人。

句型是怎麼得來的－－如何找出句型

　　句型這麼不容易運用正確，可是初爲教師的人，怎麼知道哪些是需要提出練習的句型呢？

（一）初級教材－－每課教材在課文、生字後會清楚標出，教師可以按照課本所列教學，有時會依需要調整例句或順序。

（二）中級教材、高級教材－－教材中也已標出，但是往往還需要教師增添，因爲有時課本所列不足，或是學生程度不一，雖然以前學過卻忘了，教師必須增添補充。

（三）非編定教材－－有些教材是由教師自己編輯授課的，例如：報紙、新聞、雜誌等課程，這時更需要教師標出句型，並加以練習。

第六講 重點整理

1. 說母語時，不需要思考文法，不代表母語沒有文法。
2. 語言形成要有文法，中文當然有文法。
3. 句型爲華語教學最常碰到的語法問題。
4. 句型是句子的基本型態、骨幹，可以根據這個基本架構，再添加其他東西，使句子更爲豐富。
5. 教師要教導學生在使用時，如何正確安排添加的成份，以使句子越說越精彩豐富。
6. 句型提供聽者判斷，使聽者準備接收某些特定意義的訊息，因此可以說句型使人有所期待。
7. 正確使用句型，能精準地表達意義，也能快速掌握他人的訊息。
8. 華語教學中所謂的句型，除基本句型架構外，還包括固定用法的組合。
9. 教師可先在黑板上列出句型，再按照這樣的骨幹排列句子，使學生明瞭句子是按照什麼樣的順序組成，反覆練習後，學生方可自行運用。
10. 教學的基本原則，是由基本句型延伸、加長，同時代換生詞。
11. 句型存在一種邏輯，所以句型能夠使聽者聽到前半句，

便大致掌握後半句發展方向，這是我們可以很快聽懂對
方意思的一個很重要的原因。

12. 句中存在的邏輯，應在教學時將如何理解句型邏輯的方
法傳授給學生，因爲這是他們最沒有辦法充分掌握的。

13. 初級教材會清楚列出句型，教師可按照所列教學，並依
需要調整例句或順序。

14. 中、高級教材需要教師增添課本之不足，並依學生程度
增加補充。

15. 對於非已編訂之現成教材，教師必須標出句型，並帶領
學生加以練習。

問題與討論

1. 中文有沒有文法？為何很少看見中文文法的參考書？

2. 華語教學中所謂的句型是指什麼？

3. 初級教材的教學程序，是否應先教句型？

4. 如何在教材中找出句型？

5. 如何教句型？

6. 如何找出句型中所表示的邏輯或因果關係？

第 六 講　　華語教學中的語法問題

華語教學法一如《莊子·養生主》

庖丁解牛之刃，

得其道者，合於桑林之舞，

乃中經首之會

第七講 華語教學法

　　華語教學是專門針對外籍人士學華語的教學，同樣的學習時間，有的人學得很快，有的人學得慢。這固然與個人的資質、才性以及對語言的敏銳度有關，但是，有好老師教，運用有效的教學方法，必然更是事半功倍。很多人以為只要會講中文，就是懂中文的人，就可以教人中文，實在是錯誤的觀念。殊不知一個不懂教學專業的老師，浪費了多少學生的學習時間，提供了多少錯誤的觀念，實在令人扼腕！我們希望所有的學生，都能在輕鬆愉快的課程中，有效地學習中文，因此華語教學的方法，是教學中絕對必須講求的。

基本的華語教學法

　　華語教師首先要學會運用基本的華語教學法，在課室裏靈活運用，教學才能確實達到目標。基本的華語教學可以歸納為下列幾個方法：

（一）領說

　　　　對於初學華語的學生，「說」是他們最大的困難，所以不論生字、課文、句型，教師都必須耐心地一一領

119

說，而且速度不能太快，聽到學生的發音錯誤，隨時予以糾正。在進行領說的過程中，隨時矯正學生各式各樣的發音錯誤，這是一項基礎而辛苦的工作。這樣的領說，至少要到學完《實用視聽華語一》，才能依學生學習的情況斟酌，是否減少到只領說生字和課文的地步。至於中級教材，領說生字仍是最起碼要做的工作。到了高級教材，領說的方法仍需要使用，因為生字永遠是需要老師帶領發音的，有時遇到複雜的長句，學生無法流利地說出，還是需要教師領說的。領說可以說是教學中不論哪一級教材，永遠都會用到的方法。

（二）讀唸

教師對於中級、高級的學生程度已達一較佳的水準時，可以讓學生自己唸出課文或例句。同樣地，也是聽到學生的發音錯誤，隨時予以糾正。學生自己讀課文時，由於沒有教師帶領，無法像領說時及時模擬正確的發音，教師需要特別留心，指出學生的錯誤。否則一任錯誤放過而不改正，學生原來會唸的還是會唸，唸錯的還是唸錯，就根本失去學生自己唸的意義了。

（三）造句

不論初、中、高級教材，都必須要讓學生造句，由學生自己組織句子的過程中，教師可以知道他是否了解這個詞彙的意義，以及是否會正確運用。

不過，造句也是需要引導的，我們可以先設想一個情境，要求他根據這個情境，說出一個適當的句子。絕對不可以將一個生字，直接命令學生當下立刻憑空造句，那是本國人也許可以做到的，對於外國學生，沒有引導，他無法進入這個詞彙的情境範圍，憑空造句，必然一錯再錯，既浪費學習時間，也增加學生的挫折感，那是極不適當的。

（四）問答

學生跟隨教師反覆地領說，不斷地模仿教師的發音和語氣，有時會到了機械化的地步，他跟著聲音模仿，而不用思考如何組織句子，唸了一整節課，學生也只像一個模擬發聲的機器而已。教師在領說兩三個句子後，可以即興地就這類句子提出一個問題，讓學生運用剛才的句子回答問題，一方面讓學生有組織文句的機會，一方面讓學生發表他的想法，教學活動會更生動，學習也會更有效。這個方法，在各級教材都可以

採用。

（五）敘述大意

學生在讀完課文以後，教師為了了解他的理解程度究竟達到多少，除了用問答的方式以外，還可以請學生敘述大意。當然學生不可能將課文完整地敘說清楚，於是教師根據他的敘述中不夠充份的地方，繼續提出問題，不斷地追根究底，直到學生完全可以掌握課文的大意為止。這樣的訓練，既是培養學生組句的能力，也是培養學生判讀文意的能力，對學生來說是很有益處的。

（六）其他課室活動

在課室中可以變換的教學活動很多，包括生字卡片教學、教具運用、趣味練習等等。

華語教學技巧的運用

除了會變換運用基本的華語教學法以外，教師還需要靈活地講求一些技巧，使教學活動進行得順利流暢，以下建議幾種練習的技巧：

（一）梯形練習

梯形練習又稱分段練習，就是遇到學生無法說出長句

時，將句子分成幾個部份，先說一部份，再增加一部份，如此逐漸增長句子，到學生能順利說一個完整的句子為止。例如：「這是你們新買的電視機嗎？」可以採用這樣的形式練習：

電視機

新買的電視機

你們新買的電視機

這是你們新買的電視機

這是你們新買的電視機嗎？

整個練習的句子是呈現梯形狀態發展的，所以叫做梯形練習。這種方法對於不容易說出整句的學生，有很大的助益。

（二）代換練習

1.詞類代換

她的英文、法文都說得很好。

我的英文、法文都說得很好。

我們的英文、法文都說得很好。

老師的英文、法文都說得很好。

王先生的英文、法文都說得很好。

王先生的英文、法文都<u>寫</u>得很好。

王先生的<u>日文</u>、<u>德文</u>都<u>說</u>得很好。

王先生的<u>英文歌</u>、<u>法文歌</u>都<u>唱</u>得很好。

王先生的<u>英國菜</u>、<u>法國菜</u>都<u>做</u>得很好。

2.句構代換

　有些句型是相同的，教到第二種時，可以練習與以前曾經學過的同一種句型代換，這是溫故的複習，同時也是知新的學習，例如：

　連...都　＝　連...也

　就是...也　＝　就算...也　＝　即使...也　＝　縱使...也

3.情境代換

　例１：張先生買了一<u>輛</u>新車，<u>張先生很喜歡它</u>。

　　　　　　　　　　　　，<u>開到很多地方去玩</u>。

　　　　　　　　　　　　，<u>舊車就不要了</u>。

　　　　　　　　　　　　，<u>送給張太太</u>。

　　　　　　　　　　　　，<u>第一天就出了車禍</u>。

　例２：老師說的話<u>我都懂</u>。

　　　　老師說的話<u>太難</u>。

老師說的話<u>都是</u>中國話。

（三）換句練習

例１：他畫的畫，我很喜歡。→我很喜歡他畫的畫。

例２：我在書店裏買了書。→我的書是在書店裏買的。

例３：我學中文學了三個月了。→我學了三個月的中文了。

例４：他，中國話說得很好。→他說中國話，說得很好。　　→他的中國話，說得很好。

（四）問答練習

初級教材可以反覆就課文、生字、句型的例句練習，中高級教材則由教師按教材中的情況設例提出問題。也不必每次都局限於只有師生的一問一答，還可以請學生設問，由學生回答，大家一起參與，會更覺有趣。

（五）討論

在學生上完一段課文後，教師可以停下來和學生討論這一段的相關問題，一方面可以訓練學生的聽力和說的組句能力，一方面也讓學生發表意見。只要不離題，都會增進學習效果。

（六）演說

教師可以讓學生在一課結束後，發表三分鐘的演說，學生回家準備後，過一兩天在課堂上完整地說出，既訓練發表的學生文句組織的能力，也培養其他同學的聽力，演說後還可以互相討論。

華語教學的上課程序變化

上課時先進行哪一個部份的教學，是可以由教師靈活安排的，以下是幾種常用的方式：

(一)句型→生字→課文→其他練習：適用於最初級教材

(二)生字→課文→句型→其他練習：折衷式，多用於中高級會話教學

(三)課文→生字→句型→其他練習：適用於不看書的中級與高級教材教學

華語教學完整的教學程序

（一）基本程序

1.每次上課先問學生有無問題，再開始複習前次所學

2.進行本次的教學目標

3.交待下次進度及作業

4.最後五分鐘左右,複習本次教學

(二) 每課應做的完整教學 ——以實用視聽華語 (一) 為
例

1.唸生字:學生唸生字時,教師要特別注意學生的發
音。除了改正發音外,唸生字時,學生也同時由書
上的註解可以了解生字的意思。

2.句型練習:練習的方法是在新句型中,用已知的生
字,再逐漸加入本課生字。

3.領說句構:學生由看著書跟著教師領說,進而到不
看書只聽教師的領說,對學生而言,是一個極大的
聽力挑戰。

4.課文教學:先由教師領說,再用課本的句子發問,
練習大意的問答。

5.生字練習:運用領說、問答、造句等方法。

6.視聽教學:初級最常用的教材－－視聽華語(一)(二)
都製作了錄影帶,每課主要的教學完成後,可以觀
賞錄影帶,一方面是因為上課時的教學活動密集而
緊湊,學生感受到的壓力相當大,藉此機會採用較
輕鬆的方式可以複習所學;另一方面則是因為有時

學生雖然學了課本上的會話，總覺得似乎還是難以體會課本與實際生活的關係，而觀賞錄影帶，可以讓學生聽到同時也看到剛學過的課文及生字實際運用的情況，拉近課本與實際生活的距離。

7.課室活動：教材中常常提供了一些可以在課室中進行的活動，教師自己也可以用生字卡或圖片練習認字、造句或複習。以後到了高級教材，甚至可以用表演的方式，學生都會非常感興趣。

8.作業：實用視聽華語（一）（二）（三）都有作業本，教師注意學生的筆順是否有錯誤，字型是否正確，還可以另外出題，由學生造句。

9.考試

(1)隨堂測驗

初級聽寫：包括生字、句子、聲調、問答，都可以測驗。

中高級聽寫：可以採用生字加造句、問答。

(2)考試

初中級教材是筆試加上口試，包含選擇、填充各種題目類型。

高級教材採用筆試即可。

教學計劃與目標

　　教師對於課程的安排，應該有事前的計劃與預期的目標，這些必須依照各種情況來決定：

（一）學生程度

　　教師必須清楚了解學生的程度，所以先要知道他以前所習的教材，觀察他現在的表達程度和聽力，了解他是否有特別困難。

（二）學習時間

　　教師要知道本期課程為時多久、學生計劃在此學習多長時間，再依每週、每節上課時間來決定教學的目標。

（三）使用教材

　　教材之難易與多寡，與學生學習的快慢有很大的關係，所以要根據所用教材來安排課程的進度。

（四）學生的目標與期望

　　教師要了解學生學中文的目的，以及他希望加強的目標，再根據這樣的期望安排教學的目標。

（五）教師的目標

　　教師自己要有清楚的目標，包括本期目標、本節目標，期能每一堂課都在充份準備與計劃下進行，達到最好的學習效果。

華語教學上課的原則

實施華語教學時，有一些教師必須秉持的原則：

1. 第一次上課時，應先說明教學計劃與目標、上課方式及上課應遵守的規定。

2. 指定學生課前預習，包括聽錄音帶、查字典。

3. 每次上課先詢問學生前次教學是否有不懂的問題，再複習前次學習內容。

4. 以直接教學法為主。

5. 學生每次須說完整的句子。

6. 改正學生的發音、聲調、句構錯誤和語氣，反覆練習。

7. 每個學生都要練習說，時間公平分配，說話機會均等。

8. 教師盡量少說，原則上教師說話應少於學生。

9. 反覆練習對話，切勿冷場。

10. 改正須嚴格，但同一錯誤亦不宜一再糾正，如有學生一時難以達到的發音等問題，應給予學生回去後省思練習的機會。

11. 教學時間須善加掌控，最後所餘幾分鐘，可酌示新單元的重點，或本次教學的綜合練習。

華語教學時應避免的情況

　　儘管教師已經掌握了華語教學的基本原則，但仍不免一時疏忽，導致課堂上出現了一些難以處理的情況，甚至有時是不自覺的。以下就是一些應該盡量避免發生的情況：

　　1.改正不足，忽略學生的錯誤。

　　2.學生時間分配不公平。

　　3.教師解釋太多，學生練習過少。

　　4.離開課本主題。

　　5.補充過多生字。

　　6.使用方法缺乏變化。

　　7.教學活動銜接不佳，造成冷場。

班級經營與華語教學常碰到的教學問題

　　在班級經營上，總會因組成的成員不同，而出現不同的情況。以下就是華語教學常遇見的教學問題：

　　1.學生缺點過多，顧此失彼，難以周全。

　　2.初級班學生無法理解過深詞彙，越解釋越難。

　　3.聲調與發音太差，教師也難聽懂。

4.使用母語思考，所用句構為母語句構。

5.學生聽力不佳，不了解教師的解釋與教師所提出的問題。

6.學生的表達能力不佳，詞句不能達意。

7.觀念與文化的差異。

8.個人因素，包括性情、邏輯、用功的程度等。

9.學生發言離題過久，或單獨發言時間過長，或個別性問題過多。

華語教學是全面的教學，教師要顧及的事項很多，這些都有待教師耐心安排、調整，以期使學生的學習能達到最大的效果。至於究竟如何運用各種方法，除了按照現有的方法切實去做，許多地方仍是屬於個人的發揮，這是親身體會華語教學後需要費心思考的，也希望日後的教學者能不斷地有新的創意與靈感，公諸同儕，讓華語教學更活潑，更有意義。

第七講 重點整理

1. 會講中文，就是懂中文，就可以教人中文，是錯誤的觀念。

2. 教學中講求專業的方法，學生才能有效學習中文。

3. 基本華語教學方法包括：領說、讀念、造句、問答、敘述大意及其他課室活動。

4. 對於初學華語的學生，「說」是他們最大的困難。

5. 在進行領說的過程中，必須隨時矯正學生的發音錯誤。

6. 不論哪一級教材，都會用到「領說」的教學法。

7. 若是一任錯誤放過而不改正，就根本失去學生自己唸的意義。

8. 由學生自己組織句子的過程中，可知道學生是否了解該詞彙的意義，以及是否會正確運用。

9. 造句需要引導，可先設想一個情境，要求學生根據情境說出適當句子。

10. 教師領說兩三個句子後，可即興依此提出問題，讓學生運用剛學的句子回答，讓學生有組織文句的機會，表達他的想法。

11. 為了了解學生的理解程度，教師可以請學生敘述大意。

12. 教師應根據學生敘述不夠充分處，不斷提出問題，直至

學生可完全掌握課文大意為止。

13. 敘述大意既可培養學生組句能力，也可培養學生判讀文義的能力。

14. 梯形練習：又稱分段練習，是將句子分成幾部份，逐漸增長句子，到能順利說一個完整的句子為止，對於不易說出完整句子的學生有很大的助益。

15. 代換練包括：詞類代換、句構代換、情境代換。

16. 上完一段課文後，教師可停下來和學生討論相關問題，訓練聽力和組句能力。

17. 教學程序的變化至少有三種：

    (1) 初級教材：句型→生字→課文→其他練習

    (2) 中高級會話教學：生字→課文→句型→其他練習

    (3) 不看書的中級與高級教材：課文→生字→句型→其他練習。

18. 課程安排應有事前的計畫與預期的目標。

19. 華語教學是全面的教學，宜耐心安排、調整，以期學生的學習能達到最大的效果。

問題與討論

1. 基本的華語教學方法有哪些？

2. 華語教學可以使用哪些變換練習的技巧？

3. 一般華語課程的基本教學程序是什麼？

4. 如何訂定教學計劃與教學目標？

5. 華語教師應秉持的教學原則是什麼？

6. 實施華語教學時應避免哪些情況發生？

7. 華語教學應如何處理班級經營？

華語教材是中文取經的寶藏，

　然而書不盡言，

　　言不盡意，

　　　以文字傳心，

　　　　終將以得道為最後依歸

第八講　華語教材教法

　　從事常用的華語教學，必須認識常用的教材，大致了解這些教材的性質、功用，知道它適合何種程度的學生。目前一般的語言中心，都將教材分成 1-10 左右的級數，學生可以根據這個分級，按部就班地學習。

　　以下舉出一些華語常用教材：

華語教學常用教材

級　　數	教　　材　　名　　稱	出 版 者 或 編 者
1-2	視聽華語(一)	正中書局
1-2	生活華語(一)	遠東書局
1-2	初級中文閱讀	師大國語教學中心
2-3	視聽華語(二)	正中書局
2-3	生活華語(二)	遠東書局
4	中國寓言	正中書局
4	今日台灣	東海大學
4	中國風俗習慣	正中書局
5	迷你廣播劇	師大國語教學中心

5	廣播劇選集	台大國華語研習所
5	實用商業會話(一)	師大國語教學中心
5-6	視聽華語(三)	正中書局
5-6	生活華語(三)	遠東書局
6	實用商業會話(二)	師大國語教學中心
6	新聞選讀(一)	師大國語教學中心
7	新聞選讀(二)	師大國語教學中心
7	商業文選	師大國語教學中心
7	思想與社會	台大國華語研習所
8	台灣現代短篇小說選	台大國華語研習所
8	中國新時期名作選讀	南天書局
8	高級華文讀本	南天書局
8	從精讀到泛讀	南天書局
8	棋王	洪範出版社
7	文言文入門	美亞出版社
8	進階文言文讀本	南天書局
9	古文觀止	三民書局

　　對於這些教材，教師應該了解教材的優缺點、各級教材的教法如何，至於沒有固定書面教材的課程，例如：報紙

雜誌選讀、廣播電視新聞、主題討論等等，在教學上也是把
它們安排爲和有書面教材的課程一樣，依照課文、生字、句
型的步驟來處理。

初級教材教法

　　初級教材是爲了給完全不懂中文的人，從頭開始學起的
教材，在台灣使用的只有幾種，包括《實用視聽華語》(一)
(二)、《生活華語》(一)(二)，　以及《初級中文閱讀》。其中
《實用視聽華語》(一)(二)　是最基本、使用最廣泛的教材，
《生活華語》(一)(二)與《實用視聽華語》(一)(二)的性質
與程度幾乎相同，使用的人較少，但是學習效果是差不多
的。《初級中文閱讀》較特別，是專爲會說中文而看不懂漢
字的學生設計的，例如平常在家和父母以中文溝通的華裔子
女，他們在說的方面能力很強，無法與完全不會說的學生共
同上課，或使用同一種簡單的教材教學法。

　　初級教材的教學程序與方法，採用的都是最基本的方
法，大致可以參照前一講所討論的華語教學法，靈活運用。
初級華語教材的內容難度不高，教學的重點在於一次又一次
地反覆練習、加強印象，使學生能夠習慣成自然，發出標準
的字音，順利組織正確的句子，充份表達他的意思。事實上，

141

內容越簡單的課文越難教，千萬不要以爲只是帶領學生唸完
課文，就算教完一課了。

中級華語教材的種類

中級華語教材是爲了學過基本的初級教材後的學生設
計的，大致可以分爲閱讀教材與會話教材兩大類：

一、會話教材：

    1.實用視聽華語(三)

    2.生活華語(三)

    3.中國寓言

    4.中國風俗習慣

    5.今日台灣

    6.迷你廣播劇

    7.新選廣播劇

    8.廣播劇選集

    9.實用商業會話(一)

    10. 實用商業會話(二)

二、閱讀教材

    1.新聞選讀(一)

    2.新聞選讀(二)

　　3.中國歷史故事(一)

　　4.中國歷史故事(二)

會話教材的內容是較生活化的對話或敘述,它是銜接初級與

高級會話教材的中間橋樑,所以它的文句稍長,句型也有一

些難度,如何帶領學生由用最簡單的文句簡略地表達意思,

到較清楚地陳述心中的意念,是使用中級教材的目標。

中級華語教材教學重點

　　中級教材最大特點是承先啓後,爲高級教材奠定基

礎,因此我們教學要掌握的原則是:

　　一、領說逐漸減少。

　　二、注意學生造句的完整性與使用生字。

　　三、要求學生多練習使用學過的句型。

　　四、注意詞彙的分辨。

　　五、練習敘述完整的大意。

　　六、練習簡短的演說。

常用中級華語教材分論

（一）《今日台灣》

1.教材的內容：共十二課。

2.教材的性質：由口語漸進至較正式的敘述。

3.教材的功用：訓練學生的敘述討論能力，認識台灣的現況。

4.優點與缺點：內容與實際生活相連密切。

5.適用對象：學完初級教材者。

（二）《廣播劇選集》

1.教材的內容：共十五課。

2.教材的性質：加強口語訓練，練習使用十分生活化的說法。

3.教材的功用：訓練學生的口語及敘述能力，了解我們的民情風俗，體認中華的社會文化。

4.優點與缺點：生字與句型非常實用，但內容有時偏重宣傳做作。

5.適用對象：學完初級教材，並學過《今日台灣》或《中國寓言》較佳。

（三）《實用新聞選讀(一)》

1.教材的內容：選取報紙簡短的新聞編輯成書。

2.教材的性質：由口語漸進至較正式的敘述。

3.教材的功用：訓練學生的敘述能力、練習閱讀新聞的入門書。

4.優點與缺點：句型稍文言，專有名詞多，不易理解。

5.適用對象：已具相當程度，將來欲進一步學習經濟政治方面教材者。

（四）《中國寓言》

1.教材的內容：共二十課。

2.教材的性質：由口語漸進至較正式的敘述。

3.教材的功用：訓練學生的敘述能力。

4.優點與缺點：課文簡短、易學習。

5.適用對象：加強中級程度的詞彙與會話能力。

（五）《實用視聽華語(三)》

1.教材的內容：共二十課。

2.教材的性質：由口語漸進至較正式的敘述。

3.教材的功用：訓練學生的敘述能力、寫作能力。

4.教材缺點：文句不易理解及分析。

5.適用對象：學完初級教材，且學過一種以上中級
教材者。

高級華語教材的種類

高級華語教材大致可以分爲以下五類：

(一)《思想與社會》、《商業文選》：這類教材可以說是所有
高級教材的基礎，學生必須先學過這些較常用、意義也
較明確豐富的詞彙，才有能力進一步選讀其他高級教材。

(二)報紙、雜誌、電視新聞：有的學生對目前的社會狀況與
國際關係有興趣，因此可以選讀新聞類的教材。先選報
紙爲教材，因爲報紙是平面媒體，可以閱讀文字以增進
了解。上完報紙的課程後，可以進一步選雜誌或電視新
聞。

(三)電影、小說、散文：學習中文的外籍生當中，有許多是
懷抱對中國文學的憧憬與嚮往而開始學中文的，在他們
有能力選讀文學作品時，通常由文字較淺近的小說開始
研讀。以現代小說或散文編成的高級教材有不少，《台灣
現代短篇小說選》、《中國新時期名著選讀》、《高級華文
讀本》、《棋王》、《從精讀到泛讀》等皆是。學生讀完其
中一兩本教材後，就可以上「小說選讀」、「散文選讀」

這類的課程，依學生的興趣，自由選讀其他未編爲固定
教材的小說或散文。

(四)文言文：對古代文學特別有興趣的學生，必須學習文言
文，可以《文言文入門》入手，再進一步選讀《進階文
言文讀本》或《古文觀止》，以後就可以上「古文選讀」
的課程，選讀各時代的文學作品或史傳等。

(五)專書

高級華語教材教學總論

　　教師應該了解各種教材的性質、特色、優缺點以及學生
的需求，思考如何提供學生有效的學習。高級教材的內容程
度較難，偏重政治與經濟、商業、社會現象、文史，教師本
身應該具有的較深廣的學識。高級教材教學的重點與目標
是：

1.訓練學生分析討論能力、閱讀理解能力、寫作輔導
2.每節課要有清楚的目標與學習效果

高級華語教材分論

（一）《思想與社會》

1.教材性質：綜合十個關於語言、健康、宗教、思想、經濟等不同的主題，各方面使用詞彙平均，適用對象普遍，大約一學期上完。

2.內容有時學生不感興趣，但此為分析討論的基礎，應加強學生說與寫的練習。

3.生字多，非常實用。

4.學生的程度：至少應學過兩種中級教材。

5.教學重點與目標：敘述、討論與分析的訓練，以及提高學生詞彙的程度。

6.教學原則與應注意事項：進度須掌握，不可太快，亦不可太慢，生字用法最重要，要徹底練習。

7.教學程序：

(1)分段生字→分段課文→句型→其他活動

(2)課文→生字→句型→其他活動

（二）報紙

1.教材的內容包羅萬象，可以藉此了解台灣當前的社會。

2.文字較正式，有時會受記者的語法影響，有礙學習。

3.標題多成語、俗語或換了字成語，教師必須說明原詞意義及換字妙處。

4.新聞往往夾雜文言句法，句型應加強教學。

5.學生的程度：必須學過《思想與社會》、《實用新聞選讀》。

6.教師要慎選教材、列出生字表。

7.教學目標在使學生能讀懂新聞，了解台灣當前社會，進一步培養分析、討論能力。

8.教材選擇以近幾天報紙為佳，事先影印，並做生字表，以便於學生了解詞彙，容易斷句。

9.新聞內容通常延續數日報導，因此教師所選的新聞往往是某事的後續報導，教師本身須先了解事件的來龍去脈，方能講解清楚。

10.社論最難，最後教。

11.討論時，立場宜客觀，尤其應避免不必要的政治立場引發的衝突。

12.輪流選擇不同的報紙。

13.教學程序：標題→內容→生字→討論。

（三）雜誌

1. 雜誌內容取向與風格各有不同，可輪流選擇。

2. 學生的程度必須學過《思想與社會》、《實用新聞選讀》。

3. 教師選擇教材，列出寫生字表。

4. 教學重點與目標在了解社會現象及本地專家的分析。

5. 雜誌風格極具個人色彩，或政治立場鮮明，雜誌段落意義多重覆，選擇時要注意。

6. 選擇方式與報紙同，輪流採用不同的雜誌。

7. 教學程序與報紙相同。

（四）電視新聞、廣播新聞

1. 學生的程度應學過報紙或雜誌。

2. 教師課前錄影，列出生字表。

3. 教學重點是要讓學生聽懂，並了解事件，學會較正式的說法及更深入的生字，增進討論能力。

4. 各台新聞輪流選擇，保持客觀立場，不含個人政治態度。

5. 剛開始時一次播放兩句，漸至以一項報導為單位。

6. 要求學生不只聽懂內容，還要能加以說明、討論。

7.做生字表，標出專有名詞更佳，生字用法應仔細說
明是否實用。

8.教學程序：放影→學生說明→教師補正→討論→生
字練習→作業。

（五）電影

1.學生的程度：學過《思想與社會》、小說。

2.教學重點與目標在使學生能敘述內容，並討論分析
其觀念與思想。

3.教學原則：選擇本土性或中國風味或家庭關係影片
為佳，教師一同觀賞，不應離開，不可任由學生瞎
猜內容，失去學習意義。

4.教學程序：導論引入→放影一段→學生說明→教師
補正→討論→生字練習→作業。

5.教學舉例：《魯冰花》、《蘋果的滋味》、《喜宴》、《推
手》、《胭脂扣》、《臥虎藏龍》。

（六）小說、散文

1.小說的內容有趣，生字實用，文句與對話很口語，
詞彙細微深入，是實用的高級教材。

2.有關內容發展、寫作技巧、文字運用，諸多方面都可供討論。

3.教師教學時應注意文學性詞彙與一般性詞彙的比較。

4.小說的語言有時代性，須留心分辨是否現在仍普遍使用。

5.教師必須了解小說集的編輯背景或寫作背景，台灣與大陸所編教材性質即有很大的不同。

6.學生的程度：至少應學過《思想與社會》。

7.教師應關心現代文學，知道著名作家，了解作者背景，預查相關資料，才能帶領學生認識作品的價值。

8.教學重點與目標在於了解文義與文化觀念，學習詞彙，認識文學作品價值，欣賞作者高明的寫作技巧與作品感人之處。

9.教學原則應注意：教小說絕不只是讀懂故事而已，也不可略過其中部份，以為學生已經讀懂。教師應該有技巧地發問，引導討論，點出作者高明處，勿暗示或提早說明結局，保留神秘與趣味。

（七）《文言文入門》

1.教材性質：本書爲初學文言文的入門書，由認識最簡易的文言文開始，本書的特點是文法說明的部份，作者使用英文說明，非常適合以英語爲主要語言的外籍學生。

2.本書的內容共有34課，前四課的課文是由初等小學國文的教科書中選材改寫，第五課開始選先秦諸子中的小故事爲教材，進至史記、唐宋明清及近代文章，以及詩詞曲，難易不一。每課後面附有類似的文言句練習，便於初學。

3.學生的程度：至少應學過《思想與社會》，尤其必須具有廣泛的白話詞彙能力。

4.教師應對於詞義、文義、作者背景、章法(非必要)、語言邏輯具有基本的認識

5.教學目標在於訓練學生讀古文的能力，並翻譯成白話文。因此，教學重點著重於詞義、文章、主旨(作者意見與立場)之認識與體會

6.教學原則與應注意事項：

　(1) 虛字的認識：文言文中有許多虛字，虛字並非皆無意義，虛字的用法以及所要表達的語氣，尤其應讓學生了解。

(2) 文義的判斷：文言翻譯成白話，並非一對一的
　　詞彙對應就可以完成翻譯，因爲文言中的每個
　　字，在白話中可能有三、四種解釋，必須根據
　　文義判斷，選擇最合適的意義，再由學生連綴
　　全句，翻譯成白話。

(3) 學生的白話句，往往仍有使用白話詞彙不適當
　　或文法錯誤的地方，須由教師加以修正與潤飾。

(4) 有時文言中所描述的情況與現代情形相似，教
　　師不妨舉現代的例子說明，將更有助學生了解。

7.教學程序：

導論文章的時代背景及作者寫作動機ə 學生誦讀
原句ə 教師就各個詞義分別提問ə 學生語譯ə 教
師補正(糾正學生錯誤發音與不當用詞，並點出作
者用心處)ə 討論文章內容與相關問題ə 感想寫
作。

第八講 重點整理

1. 目前一般的語言中心，將華語教材分成 1-10 級，學生根據分級按部就班學習。

2. 初級教材提供給完全不懂中文的人，由最基本的內容開始學習。

3. 初級教材內容難度不高，教學重點在於反覆練習、加強印象，使學生可以由習慣中學得，以充分表達意思。

4. 內容越簡單的課文越難教。

5. 中級教材：為學過基本初級教材的學生而設計，大致可分為閱讀教材與會話教材兩類。

6. 中級會話教材是銜接初級與高級會話的中間橋樑，文句稍長，句型也略有難度。由簡單的文句到能夠清楚陳述意念，是中級教材的目標。

7. 高級教材內容較難，教師本身應該具有較深廣的學識。

問題與討論

1. 華語教學常用的教材有哪些？

2. 華語教材如何分級與分類？

3. 初級教材的教學重點與目標為何？

4. 中級教材的教學重點與目標為何？

5. 高級教材的教學重點與目標為何？

6. 幾種重要的初中高級教材性質如何？

7. 沒有編訂紙本教材的課程應如何教學？

8. 華語教學中的小說教學應如何著手？

9. 華語教學中的文言文教學應如何著手？

後　　記

　　這本有關討論華語教學的小書，集結了我在台大國際華語研習所及師大國語中心十多年來對外籍生的華語教學經驗，融入七年前在華梵大學的中學教育學程中講授「國文科教材教法」的構思，加上近年在佛光大學開設的華語師資班講授華語教學法的課程規劃，以及在國立台北教育大學語文教育系講授「海外華語文教學概論」的討論內容，終於在今年四月間完成。

　　華語學習近年來蓬勃發展，華語教學也應時代的需要顯得益加重要，但是由於一般人對華語教學的認識，總是停留在教小學語文的定位，缺少積極研發華語教學的途徑與方法，華語教學師資始終是個最大的問題。我深切地期待這本小書能提供一些觀念，給想要認識華語教學的同好。這只是一本初階的入門書，如果讀者能因此而對華語教學產生興趣，使華語教學的領域有更多人願意投入，就是我最大的心願了。

作者識於 2006 年 4 月

後　記

索　引